古代憲法

先代旧事本紀大成経伝（二）

表紙・カバー　神代文字「ひふみ」の書　安房宮 源宗

目次

まえがき

古代憲法とは、「聖徳五憲法」のことで、先代旧事本紀大成経第七十巻憲法本紀に収められているものである。

今から一四一二年前、わが国で初めて明文化された国家運営の原則、基本法であり、憲法と名づけられたのも初めてである。そういえば、それは聖徳太子の十七条憲法ではないかと思われるかもしれない。そう、その原典がこちらなのだが。

日本書紀の十七条憲法は、十七条のみである。原典は、十七掛ける五、五つの憲法に、前文がつく。内容は、政治家、神職者、儒学者、仏僧がそれぞれ厳守しなければならないことを定めてあり、いわゆる観念的、道徳的と片付けられるものではない。

もうずいぶん前になるが、書紀の十七条憲法を詔勅がないために法ではなく道徳的なものとし、憲法ではないと否定する説があった。それに対しては、元日本大学法学部部長　布施弥平治教授の反論がすでにあり、完全に論破されているのでここであえて私が言及することはない。

原典には、十七条の由来が書かれている。そこに憲法の基本理念があるので、単なる条文数とした書紀の記述では憲法の意図が伝わらない。日本書紀が完成したのは約百年後のことで、五憲法に禁じられていたことが、その頃はまかり通っていた。過去の憲法をそのまま載せるわけにはいかず、さりとて消し去らず、当時に合うように変更し、かつ利用したといえる。

聖徳五憲法は、推古十二年（六〇四）に公布され、その後二十二年間、短いが美しく豊かな一時代を作ることに寄与し、日本の古道を守った推古天皇の政治に大いに活用された。そのことは大成経の随所に記録されているので解説に引用した。また憲法本紀総則にも一部入っている。

さて、本書は大成経伝の二にあたる。序伝に次いで第一巻神代本紀ではなく七十巻目の憲法を選んだ理由を述べたい。大成経は神代本紀から始まり、第七十二巻国造本紀で終わる。つまり神から人の世間まで網羅し、順々に天地人の流れに沿って編まれている。したがって、後ろの巻から逆順に読むと時代は今により近く、身近に感じて想像もしやすい。そしてまた、憲法は普段はそれほど気にもしないし読む人も決して多いとはいえないだろう。それはある意味、国が平和であることの裏返しかもしれないが、実際には憲法は生活の根本を成し、暮らしと密接につながっている。だから、ひとたび読むとなれば、何かしらの問題意識が頭をもたげ、社会や政治への関心につながっていくこととなる。自分の身に置き換え、あるいは家族のことを案じて、改めて足元を確かめざるをえなくなるものである。

次に、十七条憲法でよく知られた言葉「二に曰く、篤く三宝を敬え」があるが、原典とは異なるものである。聖徳太子はその逆を諭し、法制化している。一法のみに偏るなかれと言われたのである。前著、伝一でもこのことに触れたが、三宝ではなく三法（神、儒、仏）を基とせよと繰り返し諭された。これは憲法の中で重要な意味を持つ。そして三法それぞれに具体的な禁止事項を定め、将来、邪宗となって、国を脅かすことのないように配慮された。

そこには当時、最新流行であった仏教の状況や外来の学問である儒教、そして神道の本来の意味が書かれている。法は必要があるから作られるので、すでにそこに禁止された問題の萌芽があったことが読みとれる。それらの事は、現代では全てといっていいほど宗教界、政界に横行していて、推して知るべしである。それは驚き呆れるしかない。

三法が変質する半世紀ほど前の、純粋に近かった状況を読みとり、その後の歴史を順々に追っていくと、どこでどのように、何の理由で変節したか、曲がり角に何があったのか、おぼろげながら見えてくる。聖徳太子は強固な意志で、国の根幹を確かなものにしなければならない、今をおいてはないという喫緊の理由でこの法を制定されたこともわかる。条文の構成と内容に、それがみえてくる。太古から続いた倭国が、これからの未来へ、果たして存続するだろうかという深い憂いと、聖人ゆえの先見によって書かれた条文である。

ところで今の人にとっては、この古代憲法にある「君臣」という言葉一つとっても拒絶反応があるかもしれない。だが古代の君臣は、中世以降の封建社会や明治政府の天皇制のそれとは全く異なる意味を持つ。

「天は、いついかなる時も、うのけのほどの私無し、それを公道と名づけ、公道は皇政の総てである」と総則〈天〉の条に書かれている。「君」つまり天皇は私無き立場である。私を無くして、ではそこに何が入るか？　それは天の理であり、理そのものに順じて生きよというのが日本の古道の核心なのだ。そして、それを具現化する道が天皇の政であり、皇道（公道）という。理に逆らって私を以て行えば罪となり、罰として世の平穏は失われ、民にツケが回ってくる。そうすれば国は乱れ亡びへ至る。

「臣」つまり大臣や大連や公卿といった役人たちも、その下の役人もまた同じく、君とともに公道を守ることが務めである。だから私事の野望を抱き、君を覆そうとすれば罪である。また政令に便乗して詐ったり私服を肥やそうとする悪事は、今と同様に昔もあり、当然、厳しく戒められた。君臣が民の上に権力者として立ち、私の意のままに行うことは外道、野蛮としたのである。これが古代倭にあったと伝えられる君臣の意味であり、その意味で憲法は書かれている。また、無私の心がなければ和も成り立たない。和を以て貴しとしたのは天の公道から発したものであることが五憲法全文を通して読めば理解することができる。どうか君臣、天といった語彙に反発せずに読んでいただければと思う。

そして近年、現行憲法の改正論者たちが声高に神武天皇の政治を手本にすべきだと言っているのには苦笑する。復古思想とも異なる彼らが手本としている明治憲法（大日本帝国憲法）は日本史の中でも特異なものであり尊皇思想とは言えない。古代憲法の精神とは真逆なのである。現行憲法の国民主権、基本的人権を根底から変え、時代に逆らって後退する改正論は無知なのか、それとも知っていながら「神武」をカムフラージュにして国民を誑かそうとしているのか。どちらかわからないが、神武の怒りを畏れない不敵な言説である。昨今、逆行への不安を憂慮する人々もまた多い。

官吏による不正で公道が乱れ、支配層の不義が増え続ければ、いずれ民が苦しむ世の中になってしまう。その危惧もあって、聖徳太子は指導者層に対して正道を再確認させるために細かい条文を作られたのである。その言葉は、強く熱く、気高い。

古代憲法を長い歴史の欠片、過去の遺物に過ぎないと思われるかもしれない。だが今を考え、憲法を考えるヒントを与えてくれるのではないか、そのようにも考えて、憲法本紀を神代本紀、経教本紀より先に採った。今、古代憲法を読む意義は、失われたものの大切さに気づくことでもある。

この五憲法の条文解釈には大成経の他の巻を援用する必要があり、また儒教及び仏教の知識は当時の解釈によるため主に御語本紀を用いた。また現代日本人にとって漢文は英語より縁遠いものとなっているので原文は省略した。読み下し文と、後に現代語訳をつけた。やまとことばを現代語に訳する際にニュアンスが変わるものがあったが読みやすさを優先した。未熟な訳であることをお詫びしたい。

なお訓詁と大成経引用は七十二巻本及び鷦鷯伝の編者である故宮東伯安齋博士の選択に依り部分的に加筆した。また解説は安房宮源宗氏の講義録に多くを借り、直接のご指導もいただいた。両先生のお名前をここに記し、深く謝意をささげる。

その他、先学の著書を参考にさせていただいた。末尾に書名を掲げて感謝する。いくらいいわけしても未熟さを補うことはできないので、今後とも精進することを肝に銘じ、諸々の不出来、不足のお詫びに代えたい。

ご一読いただければ幸いです。

福島の静寂の森にて

二〇一六年十一月

前文

前文　一

天皇の十有二年夏四月、皇太子奏して曰《のたまわ》く。

「上代は、君と臣は正誠にして慢倭《まんねい》無く、庶兆淳敬《しょちょうじゅんけい》にして、姦邪無かりし故に、朝廷自ら政《まつりごと》を立て、未だ曽て禁制の軌則《きそく》を立てざるも、近世は寡卿萬黎《かけいばんれい》、天有の正直を失い、数々《しばしば》人は私の妄邪を作《おこ》す。

然るに即て下世に於いては、或いは法度《はっと》行われず弥々猥僻《いよいよわいへき》を作《おこ》し、迷うて正度《せいど》を失《なく》し、或いは妄りに法度を行い、還って天有の正度を乱し、当《まさ》に乱無き乱を発《おこ》すに当《いた》らむか。

陛下の聖徳を以て庶幾《こいねが》わくば、其れ宜《よろ》しく極《すみやか》に議り玉い而《て》、佳美《よき》度憲を立て、後代をして衆庶に漫事を無くし、王者の漫制を無からしめたまえ。

【訳】

推古天皇の御代十二年、夏四月。皇太子が天皇へ申し上げた。

「昔は君主も臣下も誠実であり、自分の好き勝手をしたり邪悪な考えや不正行為を行うこともなく、皆素直でつつしみ深いものでした。ごく自然に朝廷のまつりごとは行われ、未だかつて法を定め規則を作ることもせず成り立ってきたので、古来のやり方にしたがってきました。けれども時がたち、近頃は、宮仕えの役人をはじめ、庶民まで、生来の正直さを失い、しばしば自分勝手な行動をする者が現れ、昔からの決まり事を破り、妄りな行いをする者が増えています。

今この時をおいて法を作らないのならば、今後ますます悪事をはたらく者は増え、乱れ、人々が正しい節度を失うかもしれません。あるいは高官が神に逆らい、古代からの定めを変え勝手に法を定めれば、古来続いてきた国の平和と調和を乱し、それこそ偽りの理を以て国を変質させることになるかもしれません。

請い願わくば、陛下の聖き徳によってすみやかにお図り下さいまして、よき法を定められ、後の時代の人々が乱れ迷うことなく、怠りなく過ごし、また王たる者が他を軽んじ傲慢なる制度を用いたりしないようにお取り計らいくださいますようお願い申し上げます。」

〈解説〉

古代日本には、この聖徳五憲法が定められる以前は、今でいう憲法というような法の定めはなかった。国家の根本となる規則が全くなかったということではなく、成文法をあえて作らずとも、不文律によって政治を行うことができた時代が長く続いたためである。今あるような実定法に対して「法を定めざる法」の元に成り立っていた時代が長く続いていた。先代旧事紀大成経の神皇本紀に次のように記されている。

人皇第八世、皇位第八代孝元天皇の時、大臣の物部武建命（もののべたけたつのみこと）は天皇に対し、「陛下、これまで代々の天皇はよく理を以て道を施されてまいられましたが、史（ふびと）がよくこれを著すに、ただそれは道の事だけです。これからは言（ことば）のままに文を作って国民にお示し賜わりますよう、詔してください。」と請うたところ、天皇は、「父天皇（孝霊天皇）が崩御されて八年になる。朕の目には父天皇の事（みわざ）は今もそのままに映っている。耳にはかつての詔が聞こえる。吾意

（こころ）には天皇の理が知（はなれ）ない。この三つは朕の身に著いていてはなれはしない。文（成文法）は宜しく人の身の強さに置くべし。何ぞ薄竹（かみ）の弱いものに安（おこ）うぞ。法を立つれば法に紛れ、書に著せば書に紛れむ。従って日々記知（しることだけ）に追われ日々詐（いつわり）ごとを発し、人の身はかえって竹薄（かみ）の弱さにかわり、人の心はかえって油煙（すみ）と黒（よごれ）てしまい唯、逸蒙（ふで）と化けてしまうであろう。人の腹はからっぽとなる。文を用いれば唯君のみ道あり、臣の道が無くなってしまい、唯賢者のみに道あって、大衆は皆道を無くしてしまうであろう。そのようなことでは先人の跡が絶えて失ってしまうであろう。（中略）今、文法を著さば文に執着して身に法をおくことを忘れてしまうであろうぞ、それでも大臣は朕に法を作れと諌めるか」と仰せられた。

古来代々の天皇に受け継がれ、臣下も民も心に置いて守ってきた約束事（法、やりかた）を成文法とすればかえって心から法が離れてしまい、そこから起きる偽善や悪事を危惧されるがために、あえて成文法を布（し）かず、古来からの「法」を守るという方法を採ったというのである。

それから長い時を経た後の飛鳥時代、第三十三代推古天皇の御代になり、摂政である聖徳太子は、「近頃は、宮仕えの公卿も一般庶民、百姓もうまれながらの素直さを失い、しばしば悪事やえてかってをし、妄りな行いをする者が増え」たために、法を制定しなければ世の中の乱れに対応できないと奏上され、推古天皇の詔によってわが国初の成文法が制定されることになった。その任にあたったのが聖徳太子である。

・法とはまつりごとを正しく偏りなく行う方法の基本を示したものである。

・倭朝廷における政道の出発は、天照大神の法を「法軌」として守りしたがった神武天皇の定めた「法則」にある。言いかえると宇宙憲法、また古代中国の「洪範九疇」の亀鑑に値するものであった。大本の理と事の原理を治世に用いたものである。ここでいう理を儒教からの引用と考えると神道は理解できないので注意が必要である。経経本紀に所収の神道神学に詳細があるので参照されたい。

天照大神が天祖からうけたまわるハタラキは、天、地、神、人、易という五極である。すなわち、天は暖気、熱気、燥気、寒気、湿気という五気をもって地を活かし、地は木、火、土、金、水という五形をなして天と調和し、神は五道に命じて人を立て、人は五徳を備えて神を益し、天は地を以て壽（いのち）とし、神は人を以て壽（いのち）とし、地（くに）が造られる。質（み）と気（き）の二神（イザナギ、イザナミ）の国産みとはこのことを指し皇政はそれを育む道を継承する、いわゆる神道とは本来はこれを指し、この道を根幹において祭祀政治を行うのが朝廷の役目であり天皇のまつりごとであった。

しかしながら、推古天皇薨去後はこの政道の理念は徐々に薄まっていき、あるいは深く隠され、古来神道の法および政道は形骸化していった。神社の祭りに古代の俤を探すのは難しい状況の今となっては、前文七及び結びにある誓めが正しいことを、結果として証立ててしまっている。

前文　二

于時《このとき》天皇　詔《みことのり》して曰《のたまわ》く。

「幸いなるかな、朕《われ》、大王の勧めを得たり、時なるかな、勸《つとめ》て法度を著すに任《たえ》む。

願わくは大王、乃《ここ》に憲法を製《さだ》め、弘く今来世《より》に蒙《うけたまわら》しめよ。」

茲《これ》に於《よ》りて皇太子、群卿《まちぎみ》と議《みはか》り、肇めて憲法十七条を製《つく》り之を天皇に献《たてまつ》る。

天皇　大いに悦んで、重ねて詔して曰く。

「大王の憲法は善を盡せり。然りと雖も法は精密《はっきりするもの》なるに若かず。願わくば諸家の為に断《ことわ》りを別ちて以て相当の制軌《のりのさだめ》を布《ほどこし》たまえ。


【訳】

天皇は皇太子の願いに対し次のようにおっしゃった。

「これは幸いである。吾は大王（聖徳太子のこと）の勧め通りその時が来たと思う。法を定めることにする。できれば大王が憲法をつくり、これから広く世の中に行き渡るようにせよ。」

この詔（天皇のお言葉による指示）によって、皇太子は高官たちとともに検討し、初めて憲法十七条を著し、天皇におうかがいを立てた。

天皇はそれをご覧になり、大いに悦ばれた。そしてさらに次のように指示された。「大王の憲法は善を尽くしたものである。さらにいえば、法とは細かいところまで明確に定めておくに越したことはない。できれば諸家（政治家、儒学者、神職、仏徒、これを政治に関わる各専門家とした）のために、それぞれの役割の意味を解き明かした規則を定めて用いるようにしなさい。」

前文　三

于時《このとき》、皇太子　再び詔を　奉《うけたまわ》り、尋《つい》で四家の憲法を製《さだ》め永世の　警《いましめ》と為す。所謂《いわゆる》、政家憲法、儒士憲法、神職憲法、釈氏憲法是なり。已《すで》に之を製《さだ》め群卿に命じて曰く。

政を正す本は学問に在り、学問の本は是れ也《また》、儒、釈、神なり。是れ此の三法は、天極の自有にして人の造りたる私の則《のり》に非ず。皇政を道《みちび》き、国家を治め、人情を正うし、黎民を善くするの実物なり。

然りと雖も其の一に通じる者は故《いわれ》を知らざるを以て其の他を非《そし》り、有非《めにみえざるもの》の其れを妄物と謂い、互いに誹謗し、交々《こもごも》嫉妬し、学は還って邪と為り、法は還《かえ》って妄《みだれ》と為る。是れ聖を破り、政を破る大罪なり。

学ぶこと無くして遊翫せんに如かず。遊翫《あそび》には尤《とが》なし。学を為して邪を発《おこ》せば焉《つい》には理《ことわり》を破って暗者となり、心を破って乱者となり、聖を破って邪者となり、政を破って叛者と成る。焉《な》んぞ悲しまざるべけんや。

【訳】

この時、皇太子は再び天皇から詔を奉ってすぐに、四家の憲法を著し、後々の世まで永久の警めとして定めた。いわゆる政家憲法、儒士憲法、神職憲法、釈氏憲法である。これを制定し、高官たちに命じて言われた。

「政治の基本は学問にある。学問とは儒（学）、釈（仏道）、神（道）である。この三つの法は天から降された法であり、人が作った法ではない。わが国の天皇の政治の基であり、国を治め、人の心を良くし、すべての人々の生き方を善に導くための実のものである。しかしながら三法のうち一法に偏って知れば、その深きところまでを理解しないがゆえに他を非難し、自分が理解できないことやあるいは目に見えない世界を説く教えを道理に合わないと批判したりし、互いに誹り合い他法に嫉妬し、学識はかえって邪となり、法が乱れの原因となるものである。それでは聖き道に背き、国を乱す大罪となる。学ばないことは遊ぶことよりも悪い。遊びそれ自体に罪はないからだ。学問を積み邪気に走れば、道に迷い、心が乱れ、神仏を恐れぬ悪人になり、公の秩序を破る謀叛者となる。どうしてこれを悲しまないでいられようか。

前文　四

是の如き愚夫、凡情頑己を以て己《わたくし》に甘んずるが是か、甘んぜざるが非か。其の偏《かたよる》る所の者を立て、其の嫌う所の者を廃す。這《こ》の己が僻《ひがみ》を以て頻りに推し弘め、徒をして悉く情《こころ》を同じくすることを為さしめんと欲す。是れ諸れ、未だ曽て陀の経中に法理有るを顧みざるに依りて、面《まのあたり》に在て堅固し能く其の機に随い、或は直《なおく》、或は回《めぐらし》、或は見《あらわし》、或は匿《かく》し、以って人情を直《ただし》うし、民欲を伏して、悉く政の大益に入《みちびく》なり。

彼は夫れ博識なりと雖も、只書籍の空言を知て、以て未だ嘗て政に預らず。

【訳】

学んで悪知恵をおこすような愚か者は、愚かでかたくなに私情のままに行うことをよしとするか、私情を捨てるのを非とするのか。自分に都合のいい者を贔屓し、嫌いな者は排除する。僻みの感情を公職に持ち込み頻りに押し通し、自分と気の合う者たちと徒党を組む。それは、未だ仏教のなかにも理があることを理解できないため、自分の意見に追従する者のみを是とし、反する者を否定するのである。

その折に乗じある時は直裁に、ある時は思慮深く、または率直に、または腹に呑み込むこともして、相手の気持ちを素直にさせ、感情を静めさせれば、より良い政治を行うことができるだろう。私情に偏る者は、博識だといってもただ書籍の知識で物を言っているだけで、いまだかつて政治の経験はないのである。

前文　五

熟惟《つらつらおもんみる》に、是の如き法は能《よ》く、是の如きの機《おり》を化し、是の如き法は是の如きの機に合わず。是の如き機は、是の如き法に非ずんば伏《したが》わず。

是の如き機は是の如き法に依って邪を増さむ。厥《それ》に及ぶの法の相《すがた》、其の国に於て、其の時に於て相応《かなう》こと有り。不応《かなわざること》あり。而して益有るべからざるの相は、還て之を施すときは大益となる。太だ益有る可きの理に而て之《し》を施すと雖も益無し、微極細限は地《ところ》に由る為なる所以を知るべし。

故に其の筆《かきもの》を恣《ほしいまま》に記し、その言《かんがえ》恣《ほしいまま》に説くも、豈《なん》ぞ唯、今時の凡学のみ然りとなさんや。

上代は上智と雖も、未だ自ら政を理《おさ》めずして、其の徴《しるし》を試みざる人は、復《また》只理の冥《くら》くし、事の然るに任せて言を為すことあるが故に、其の教えの言に於て理有りて事無く、言有りて成ること無きの空言も有らむ。

政を道《おさ》むる者は其の間の施為を試み知らずんばあるべからず、又、其の間にまた空言に似て実言となること有り。実言に似て空言となることあり。要《かならず》之を知りて当に其の証と其の蹟《あと》を尋ねて之を致《おこなう》べし。必ずや迷う所無からむ。然らば即ち政は古典を用うるに一つの的有り。

【訳】

じっくりとよく考えてみれば、法が有効であるのは状況をみて用いる時であり、効果がないのは法が現実の状況に合っていないからである。

法によってかえって不正を増すことがある。その法がその国において、またその時においては有効である場合も無い場合もある。無益に思われた法が施行してみると大いに有益であったり、有益であるはずが実際は無かったりする。それは実際の土地柄や細かな事情によって左右されるものであることを知っておかねばならない。

ゆえに自分が良いと思うままに文書を書き、説くにしても、ただ、今の時代の知識や価値観だけで良しとして、それでいいわけがない。

神代ほど大昔の優れた見識の学者といえども、任官されて政治家として務めた経験がない人は、政の理を深く知らず、その折々の状況に応じて論を立て自らの思想を展開するため、理論ばかりで現実に合わず、空論となることがある。

政治を行う者は、歴史を省み、史実をよく知っておかねばならない。想像のようにみえて事実であったり、またいかにも事実のようで想像に過ぎなかったりすることがあるものなので、事の真偽について、なぜ行われたのかという証と良き時代の先代の跡を尋ねた上で行うべきである。必ず迷うことがあるものだ。すなわち、まつりごとに古典の学を用いるには確かな理由があってのことである。

前文　六

天有の理を以て、天命の善に当つ。之を教うるは皆是れ政を典《つかさどる》の法也。皆《ことごとく》之れを取れ。其の教えの相《すがた》の高きと下《ひく》きと、直《まつすぐ》と回《めぐる》とは、是れ其の国の其の時の人の機に依るものなれば何ぞ輒《たやす》く之れを是非せんや。

又、其の的に外《はずる》ること有れば巧みを為すも益する所無し。皆之を捨てよ假令、其に中《あた》る者と雖も其の中に害有れば並《とも》に之を棄てよ。

【訳】

古典に学ぶべきことは、人は生まれつきの資質（神性）を以て天の理にしたがって善に生きるということである。これを教えるのは、すべて政治の基本となる法である。この意味に重きを置き法を定め行うべきである。

その教えの崇高さと凡俗、素直さと婉曲な内容は、その国の状況と用いる人に依るので、法の善し悪しを簡単に決めつけてはいけない。またその判断が的確でなければ巧くやろうとしても効果はない。その時はやめるべきである。有効で妥当だと見えても、そこに害があればにそれも止めなければならない。

・天命の善に当つ　皇太子は人の質に九つの型があるとし、悪人、小人、記人、善人、大人、賢人、聖人、至人、真人と称した。善の中に素直に生きる普通の人を指して凡人と書きおろかびとと呼ぶが今でいう愚人という意味ではない。

また聖人、至人、真人は人倫の世界だけでなく天の理に沿い人の法を超越し、かつ善にのみよざす。さらに、悪人は悪を好み善を嫌う。名声を与えれば高慢になり無名な者は乱暴になる。だがその性格に合った方法を施して、悪人ならば一つ上へ向上させ小人に、小人はさらに記人にというように、それぞれの段階に応じて導くことが、政の役目であり原則であると諭している。

前文　七

「神道は是れ我が国の本教《もとつのり》。何《いず》れの道をか是非せんや。天竺は輪王の仏典、震旦は黄老孔孟、皆的に中るの大法なり。中に於て斉元《かんつもと》に障り有るの句は其の一、二を摑《ぬき》て、他の千萬を用いよ。」と爾宣《しかのたま》う。

于時《このとき》、天皇詔して曰く。

「假使時《たとえ》、遷り機改まるの下世《しもつよ》と雖も這の文に背きて異法を庸《もちう》ること勿《なか》れ。代々の行《のりごと》、此の条章に因って改むる事無き則《とき》は国家は豊泰、社稷永久《ふづく》ならむ。或は高慢にして以て新たに異則を立て以て政を為さば、其の世は穏饒《おだやか》ならず、社禝は必ず永《ひさし》からざらむ。

五月、初めて群臣に詔して憲法十七条を行う。是れ、通蒙憲法なり。

六月、天皇、詔して政家憲法を行う。十月、詔して儒釈及び神職憲法を行うなり。

【訳】

神道はわが国の始元の教えであり道（やりかた）である。どの道が良いか比べるまでもない。インドの仏教、支那の儒教、この二法はそれぞれ重要な大いなる法である。その中に神道の斉元道と矛盾するものが一つ二つあったとしても、それを除けて他の多くを採り入れ用いなさい」と皇太子が言われた。

この時、天皇が詔して言われた。

「たとえ時代が変わり状況が変わる時が来ようとも、この法に背いて異なる法を用いてはならない。どの時代においてもここに定めた各条文に則って行うならば、国家は豊かに治まり、朝廷のまつりごとは永く続いていく。だが高慢な考えを出し新しい法を作って政を行うならば、世の中は穏やかではなくなり、朝廷国家は必ず永くは続かない。(心して行え)」

五月、初めて役人に憲法十七条を通達し行うよう指示された。これが通蒙憲法である。六月に、天皇がまた詔され定められた政家憲法を通達し施行される。十月、さらに儒、釈、神職の各憲法を定められ施行された。

・輪王仏典　業法輪廻を説く釈迦の仏典。

・震旦　支那の古称。古代インド人が支那を指しチーナ、チーナースターナと詠んだことからの称といわれる。又、一説には日初めて出て東に輝くを「真丹(まことあか)」ということから語呂が通じて真丹との呼称ともいう。

・黄老　古代支那の三皇帝の一人、黄帝と老子のことを指し、「孔孟」は孔子と孟子を指す。

・異法　神道の斉元道に反する異国の法、儒、仏などに含まれるものを指す。

・社稷　朝廷国家の意味。社は杜に通じ、地に噴出するエネルギーで土地の神（クニツカミ）を意味し、稷はキビで氣霊（きび）に通じ五穀の神を意味するところから。

（註・前文一～七の区切は、原文によるものではなく、釈義を行うにあたって分けたものである。）

通蒙憲法

第一条（琴の和道）

一に曰く、和《やわらぐ》を以て貴《とうと》しと為し、忤《さか》うことなきを宗《むね》と為せ。人には皆党《たむろ》有りて、達《さと》る者は少《まれ》なり。是を以て或は君父に順《したが》わず、乍《たちまち》隣里《ちかき》に違《たが》う。然るに上和《やわら》ぎ下睦《むつましくし》て、事を論《あげつら》ふに諧《かな》う則は事理《ことわり》自《おのずか》ら通い何事か成《なら》ざらむ。

【訳】

和（やわらぎ）をもって思い行うことを大切にし、逆らい、対立して争うことが無いようにしなさい。人はそれぞれの好みで集ったり離反したりし、相手を理解する智恵のある人はなかなかいないものだ。そのため親や目上の者に背き、また地域から孤立し対立したりする。よって上に立つ者が自ら、和らぎを以て行い、下の者をおもいやり、事の筋道を立て、話し合いをするようにすれば解決できないことはない。

・和　ワの音には和と私と我とがある。和で温容な心を表した宛て字。琴の音曲に心が柔らぐ、そのような感覚の大事さをいう。柔らぎ順（したが）うは和順、天の道に逆らわないことをいう。現代で「和を以て」を人との関係において解釈しがちだが、ここでは一個人の心のあるべきようの基本として定めたもの。公職にある者の人格、人徳として第一に置いた。なぜならば、和は斉元、宗源、霊宗に通じる。つまり神道の三つの才（はたらき）、三部ともいい、この三つが具われば、おだやかでやさしくおおらかな人となる。これが政治に責任を負う者の資質、姿勢として第一に求められた。

・貴し　敬い崇めること。和の心を最も大切にするべきとしたもので、この憲法の随所にこれに通じる文があることにも表れているように大原則である。

・私と我　聖徳太子が著した日本語のかな文字四十七文字の意味を説いた「ひふみの神文」伝によると、君主豊位臣私盗（キルユイツワヌ）にある私（ワ）は、他より自分を優先し、法を曲げ謀りごとをする自己中心的な感情で、貴ぶべき和の反対にあるもの。そして悪攻絶欲我削（アセエホレケ）の我は、我欲を削って己を潔齊（きよめる）ことを教える時の我であり、私は外へ向かう感情、我は内面の己自身を指している。

・**忤**（ゴ）　和の逆の意味で不平不満の気持ちで、未熟さから出る反発心。それを大らかに包みこむような和の心使いが必要だということ。

・**党**　この黨（党）は宛字で身内や仲間をさし、ここでは私利私欲で集まる似た者同士の徒党、派閥を指す。

・**達する者**　覚った人や至れる人、通じる人の意味。つまり神意と天道を理解できる者を指す。

・**上和下睦**　孝経の「先王に至徳要道あり、以て天下を順（したが）へ、民の和睦を用い、上下怨みなし」に採ったとされる。

第二条（斗の順道）

二に曰く、詔を承れば必ず謹め。君は天に之れ則り、臣は地に之れ則れ。天は覆《おお》い地は載せ、四時順行して、万気に通じることを得む。地の天を覆わむとする則は壊《やぶ》れを致さむのみ。是を以て君　言《のたまえ》ば臣は承り、上行えば下は効《なら》う。詔を承っては必ず慎《つつし》め、謹《つつし》まざれば自ら敗《やぶ》れむ。

【訳】

詔は慎んで受け、素直に、そして直ちに行わねばならない。君（天皇をさす）は天の道にしたがい、臣（朝廷の高官、官吏をさす）はそのもとで同じように道を行う。天あって地があり、自然は理に沿ってすべてがはたらき成るものであり、人の治世もそれと同じことである。地が天に逆らおうとしても地は滅びるだけである。天と地にならい、君の指示にしたがって臣は行うのみであり、もし慎みなく勝手を行えば失敗することとなる。

・斗　北斗は陰によって陽をはなつ。また北斗は北極にて七星整然と列（なら）び、その形は柄杓に似て、その柄は一昼夜に十二方向を示し、また不易である。その光を中心に照らし明かにするということで大本の意味。

・順　したがうと読むが、後ろからついていく従うではなく心から素直に行うという意味で用いる。

・君臣「君は主上なり、公の理を分つを以て政の事を施し、臣庶を道（おさめ）るに和を以て四海を法（のっと）り、勇を以て四夷を制す。是れ君道なり。又、臣は卿官なり。忠を以て朝に事（つか）え、義を以て官職を理（おさ）め、文を以て司猷（つかさのり）を奉り、武を以て司征（つかさのことをただす）を奉ることと是れ臣道なり。」（神文伝）とある。

・詔　天子にのみ用いる文字、命（おうせ）、教え、告げるの意味。その御言葉は神の理に沿って表れたものであり、人知で作ったものではないのが本来の詔である。ただし広義で天皇の指示されたことを詔と宛てたり、折々の所感が含まれる場合もある。公に寄せ、私を持たないのが君たる立場の原則なので、たとえ所感といっても偏った私情ではないからである。そうでなければ天罰が降り国が衰え民が苦しむという厳格な戒めがある。

第三条（月の礼道）

三に曰く、群卿《まちぎみたち》、百僚《もものつかさ》は、礼を以て本と為せ。其れ民を治むるの本たる要《かなめ》は礼に在り。上《かみにして》礼ならざれば、下は齊《ととの》わざらむ。下に礼なくば然るに必ず罪有らむ。是を以て君臣、礼有れば位に次ぎ、乱れず、百姓礼有れば国家自ら治まらむ。

【訳】

宮仕えの全ての官吏たちは、礼を重んじて仕えなさい。政治の務めの基本は礼にある。上に立つ者に礼がなければ世の中は乱れ秩序がなくなり、罪を犯す者が増えるものだ。これを自覚し君臣ともに礼を重んじ、それぞれの立場の務めを全うすれば、乱れが起こることはない。また人々が礼をわきまえるならば、国は自然と安泰となるのである。

・月　月は満ち欠けする。大成経第四十巻経教本紀に「月に二の法あり。一は増法、一は減法となり、又、二理あり。一は望理、二は晦理なり。謙遜し中に位するときは望位を得、馴れて驕り日に後（おく）るるときは亡んで晦（く）いとならむ」とある。朔弦（つきのはじめ）は日々、日を辞し、天の道の謙（へりくだり）に当たるが、望位に至り、進んで既弦月（しもつつき）は日々に馴れていくは天の嬌（たか）ぶりの咎で、遂に亡んで晦夜に至る。是を臣道の理の元とす」と諭している。またその他の箇所でも謙識の礼に譬えて教えている。

・礼　礼は古語ではイヤマイ、イマス、相手を高めあがめて心を和めること。

・大成経礼綱本紀に「吾が天王の政は神を祭る礼に憑（よ）る。大小之を修行する故に皇政を呼んでまつりごとという。信を以て理となし、忠（まめなる）を以て法（やりかた）となし、心に敬（つつし）み、身に敬（つつし）み、言（ことば）を恭（うやうや）しくし、事に恭（つつし）むは神代からの神事なり。之を政を図（うつ）す故に政は祭に出で、祭は礼を以て拠（よりどころ）と為すのみ」と説く。

この祭祀は日本固有の道徳の源であり、祭る事は信仰ではなく法であり道であった。国を治め生活をする基本姿勢として、まず仁、そして義を置き智を要れ、すべてを具えた姿が礼としてなり信を示すものとなる。

朝廷の政治は物部、尾張、忌部、卜部の各家が橿原朝（神武）以来の大夫（まちぎみ）として仕え、後に大臣、大連となり、礼道あっての大夫であるとここに誡めた。（また吾道家は日向に逗り、築紫を護る役目を任った。）

第四条（台の政道）

四に曰く、餮《むさぼり》を絶ち、欲を棄てて明らかに訴訟を弁《わきま》えよ。其れ百姓の訟は一日に千事、一日、尚爾《しか》り。況んや歳を累《かさぬる》をや。頃《このごろ》訟を治むる者は利を得るを常となし、賂《まいない》を見ては褃を聴《ゆる》す。便《すなわ》ち財を有《もつもの》の訟《うったえ》は石を水に投げるが如く、乏しき者の訟えは水を石に投げるに似たり。是を以て貧民は則ち由る所を知らず。臣の道またここに闕《か》けむ。

【訳】

接待や賄賂を受け取って貪ろうとする欲を絶って、公平で真実を明らかにするための訴訟を心がけねばならない。人々の訴訟は一日に千件あり一日でも多いが一年ともなれば数えきれないほどである。このごろ訴訟を審判する者が常に賄賂を受け取り、その額によって罪を軽くし罰を聴（ゆる）している。すなわち財産がある者には都合がよく、貧しい者の訴えは届き難い。これでは貧しい者は頼る所がなく、助かる術がない。これは役人が正しい道から外れているからである。

・饕　テツとは貪食（どんしょく）。ガツガツと欲張って食べる様。

・白鹿の台の字の模様を以て三公を啓示され、王道の世はいかにあるべきかを誡め、また公人の私欲は民を苦しめ泣かせることを諭し、誡めたもの。

王政の輔弼には三人の三公臣がいる。神代には霊宗、宗源、齊元三部の相伝神、古代中国では大師、太傅（たいふ）、太保の三公、後の平安時代には太政大臣と左右大臣で三公とした。

「一個の無欲の道のみあってよく然らしめられむ。天子独り無欲に立て内に七宝を蔵くさず、国に五穀をおおいかくさず、県の釆女を召さず、腹に後欲を省みず、純正純実なるときは、天は其の実（まこと）に感じて登（みのり）を降し、人もその正しさに感（うご）き、賊も泯（き）え、天下無欲にして自ら道に帰らむ。この時、絶えて以て盗暴の名無からむ。是を無名の仁と名づけ、是を不行の義と名づくなり。この道は難かるべくして難からず」

（田村皇子（後の舒明天皇）が聖徳太子に「仁に非ず義に非ずして安ぞ天下の盗

賊を無くすことが出来ましょうや」と尋ねたことに応えて）

第五条（鏡の智道）

五に曰く、悪を懲《こら》し、善を勧むるは古の良典なり。是を以て人の善を匿すことなく、悪を見ては必ず匡《ただ》せよ。其れ、諂《へつら》い詐《あざむく》者は即ち國家を覆《くつがえ》すの利器、人民を絶つの鋒剣と為《なる》らむ。また佞《かたま》しく媚びる者は、上に対しては則ち、好んで下の過ちを説き、下に逢うときは上の失《あやまち》を誹謗《そし》り、其れ此の如き人は皆、君に忠無く、民に仁無し。是れ大乱の本ならむ。

【訳】

悪を懲らしめ善を勧めるのは昔からの良きおしえである。これに倣って人の善きことは隠さず、悪に出会ったら必ず注意し改めさせなさい。人にへつらい嘘をつき騙したり裏切ったりするのは、国家を覆そうとする悪者であり、民を滅ぼす鋭い剣となるものである。またおもねって媚びる者は、上司には下の悪口を言い、下の者には上司の失敗を非難してみせたりする。このような者は一様に君主に対しては忠誠心がなく、民にはおもいやりを持たない。こういう者は、国を乱す元となり大乱の原因となるものだ。

・**鏡**　古の良典に照らして現状を映し、今を省みて学べという意味。

・**良典**　典籍ではなく、不文律として昔からある勧善懲悪の社会良俗をさす。

・**諂詐**　お世辞を言い面従し欺くこと。偽善より明らかなる悪意。

・大成経御語本紀に「天は道の美しきを好く。巧言令色に似ること猶ほ礼のへつらいに似る如し。天の好美は是れ礼の根なり。巧言令色は是れ諂の葉なり。」と諭している。また、忠誠心とともに民へのおもいやりが加えてあるのは規則と法という書面で人を統べることはできないという戒めであり、仁智義礼信という行いが人の道の原則で大切であることを改めて説いたもの。

第六条（竹の官道）

六に曰く、人には各の任《よさすところ》掌有り。宜しく濫《みだ》さざる可し。其れ、賢哲の宦《つかさ》に任《よざ》す則は頌《ほむ》る音《うわさ》起り、姦者の宦《みやづかえ》の在る則は禍乱繁《おおから》む。世には生まれながらに知《さとれ》るは少《まれ》なり。克《よ》く念《おも》いて聖《きよ》く作《な》し事《つと》むるに大小無く人を得れば、必ず治まらむ。時に緩急無く、賢《すぐれたるひと》に逢わば、自ら寛《ゆたか》ならむ。此に因って国家永久にして社稷危きこと無し。故に、古の聖王は宦《つかさ》の為に以て人を求めて、人の為に宦を求めず。

【訳】

人にはそれぞれ役割と責任がある。それを乱してはいけない。賢くすぐれた人物が任官している間は賞賛する声があがるが、邪（よこしま）な者が役につけば禍（わざわい）が起き混乱が起こる。世の中に、生まれついて賢く立派な心がけという人は少なく、克己心と思慮深さで清く正しい人となっていくので、物事の大小にかかわらずそれに相応しき人を選べば、必ず治めることができる。時代の状況に関わりなく、賢き人が治めれば必ず穏やかで豊かな社会となる。これにより国家は安泰であり、まつりごとに困難はない。だからこそ、古き時代の先王たちは官職にはその務めを全うできる才覚の者を採用し、個人の望みを叶えて役職を与えるようなことはなかった。

・竹　竹は節、つまり公人にとって、けじめと普段の無私の行いの大切さを説く。

大成経第三巻陰陽本紀に「先に日神を生む。天（たかあまはら）を御（しろしめす）御名（かみな）を大日霊尊（おおひるめのみこと）と曰す。更、日遍照尊（ひのあまねくてらすみこと）と名（もう）す。また、天照大神、又、天主神（あめのぬしのかみ）と名す。即今（いま）誕時（あれますとき）、一本の霊草（あやしぐさ）父尊（イザナギノミコト）の膝に生えり。その長（たけ）の高さ千尋、表は常緑にして性は強く内は虚（から）にして天袋（あまつふくろ）有り又、上に節、下に節有り、是皇天の心草なり。又、天下の法草なり。諸草の中の長草（たけぐさ）にして名づけて「竹」と曰ふ」と伝える。

・**虚**　御語本紀には「小人の事為すや、その言（ことば）我を先にして之に聞く。我を先に言い、聞くこと互いに我を以てす。我を以てするとき僻らざるということなし。是を以て政、事の公度に、正（かたよらざる）を得ざらむゆえに君子は先ず我を追いはらう」また「人の躯の極（きめて）は真心なり。日神は身と心の中にありて真心を守るものである。智ある者は神を取りて我と為すが、愚者は身を取って我と為す。その己を立てるに及んで何の異なることがあらむ。それ、大我は天に等しくし遍く平なり。これ私を亡して己を消すはこれ口々（ひとびと）の元なり。神身は我に非ず、つまるところ元を貫いて天と成す。」とある。

・**任掌**　自然にも人にも、それぞれ天与の使命があるという意味。

第七条（冠の位道）

七に曰く、群卿、百僚は早く朝《もう》で、退くときは晏《おそ》くせよ。王事《おうやけのつとめ》には靡《いとまな》く、終日《ひねもす》にも尽し難し。是を以て遅く朝《まいるとき》は急ぎには逮《およ》ばざらむ。早く退けば必らずや事は尽せざらむ。

【訳】

官吏たちは早い時間から勤め、遅い時間に帰るようにしなければならない。公務は多忙でありそのように勤めてもやり終えることは難しく、それを遅くに出仕するようでは緊急の用件には間に合わない。また早い時間に退くようでは、必ず職務をやりきることはできず、やり残すことになるからである。

・冠　公の位として推古朝十一年に初めて官職につく者の位階が制定され、徳、仁、礼、信、義、智の順をさらに大小で分けて十二階（冠位十二階制）とした。

位に就く以上は公に対し責任を伴うという、その心構えを具体的に述べ戒めた。

・晏　晩の意味で遅いということ。

第八条（契の信道）

八に曰く、信は是れ義の本たり。事毎に信を有《はた》せよ。其れ善悪も成《なる》敗《やぶれる》も要《かなめ》は信《まこと》に在り。群臣共に信《まこと》せば何事か成らざる。群臣に信無くば万事は悉く敗れむ。

【訳】

すべての物事は信をもって決しなければならない。何時いかなる時も万事、偏りなく信で対処しなさい。すなわち善悪、成敗は理と証によって定められ、その理とは信にある。高官、群卿ともに信によって務めるとき、成らないことはない。信なく不義ならば、全てのことが、ことごとくうまくいかなくなるのである。

・義　「義の本たり」の義は人の道である仁智義礼の義ではなく、物事を決裁する際の基本となるものをさす。事の善し悪しを議論しさらに決することができず意見が分かれてしまう時、最優先すべき根本は何であるかを明確にしたもの。また信とは善の上に成り立ち、そこに情を入れてはならない。聖徳太子は、「百人万言を説くも要とする是を知らむとすれば先ず理に依って決を為し、それでも未だ決まらざるときは証に依れ。これを決めるに理と証で決定し、尚これを疑うはこれ天下の癡人（おろかびと）である。経史の罪人である。理とは何か、人の世の万法は善より成り、悪に於いて敗れるのは是れ性の流状なり。」と諭し、人の都合を差し挟めない領域にある善を教えた。

・信　信は仁智義礼の四つの心が偏りなく伴ってなる善の心をさす。人それぞれに信の形はあるが、公務において信は公の義をふまえ、国事を優先しなければならない。

・契　信が契（ちぎり）となるという意味。

・聖徳太子は中臣藤子に「「よく信に務めて之を心得てはじめて徳の名が得られる。

礼を得て徳を美しくし、義を得て徳を清くし、智を得て徳を明らかにし、仁を得て之を得、終に全くし以て徳を徳とし、沖莫（ちゅうばく）に帰して之を尽すのみ」と諭した。(第六十四巻 御語本紀)

第九条（龍の謙道）

九に曰く、忿《こころのいかり》を絶ち、瞋《そとのいかり》を棄てて、人と違うに怒らざれ。人には皆心あり。心に各《それぞれ》執《とれ》ることあり。彼の是《よし》とする則は我は非《あし》とし、我れ是とする則は彼れ非とす。我必ずしも聖に非ず。彼必ずしも愚に非ず。共に是れ凡夫《ただびと》のみ。是非の理誰か能く定むべき、相共に賢愚なること環の端《はじ》無きが如し。是を以て彼の人は瞋《いか》ると雖も還って我の 失《あやまち》 を恐れよ。我独り得たりと雖も衆に従って同じく挙《おこな》え。

【訳】
内心の怒りを絶ち、怒りの感情を外に出すことを止めて、他者が自分の思いと違っても怒らないようにしなさい。人にはそれぞれに感情があり、好き嫌いやこだわりがあるものだ。相手がよいと思うことを自分は悪いと思い、またその逆の場合もある。しかしお互いに聖人ではないし、愚者とも限らない普通の人である。是非を言い合うにしても、互いに賢いところも愚かなところも持っている。だから相手が怒ったとしてもその時は、まず自分に非がないかを省みよ。自分はこうだと思うことがあっても周囲に合わせて行うようにしなさい。

・**龍** 大小さまざまに変化し大を以て小を兼ねる生物、変易自在の象徴である。
・**凡夫** 凡人であると諭したのは高慢を慎み、周囲の人と共によく話し合い事を進めなさいという他への心遣いの教え。また自信があるがために独りよがりになり周囲と摩擦を生じたりすることもあるため、謙虚さをうながしたもの。

・挙　行うという意味に、挙を宛字したのは諸々含んだ行いを示しているため。

第十条（花の事道）

十に曰く、明らかに功と過《あやまり》を察《み》て賞《たまもの》と罪《つみな》えを必ず当《あて》よ。日者《ひごろ》、功《いさみ》の在らざるに賞《たまもの》し、罪在らざるを罰す。事を執るの群卿、仰いで天に察《かえり》み、俯して地に観て宣しく賞罰を明かにすべし。

【訳】

功績と過失を明確にし、賞罰は必ず正しく行わねばならない。常日頃の務めは当たり前で功績というべきほどのことではないものに賞を与え、ちょっとした過失の者で罪というほどではないものを罰するような、公平さを欠いた処遇をすべきではない。

人事の任にある官吏は、天地に恥じることなきよう真面目に賞罰を決めなさい。

・花　賞罰には私が無いということを、花が開花する理に喩えたもの。

・天に察（かえり）み　私心をもって処罰することは天の公心に背くものと思えということと、公における慈と義について戒めた。天の公心に省みて行えば、私情を差し挟むことはできない。また人知による偏った判断を戒めた。

・太子は学習に対し「寡人（われ）は天皇に代わりて万機を摂っているが、どうして先皇の道に背くことができようか。父母は唯慈しみ、悲（いたまう）げの故に子の分限に依らむも先皇は仁を躰して之を施したまうものにして、その仁は日の照、神徳にひとしい。日光の徳に何のわけへだてがあろうか。乾くも乾かざるも、物の日に向かうか、向わざるかに由るのである。照すに照すと照ざるの区別も意味もない。先皇の賞すと賞せざるは臣の忠と不忠とに由る」と教えた。

・事を執るの群卿　政務を行う役人。

第十一条（日の主道）

十一に曰く、国司《みこともち》、国造《くにのみやつこ》は百姓《おおみたから》を斂《おさめとること》勿れ。国に二君なく、民に両主無し。率土《くにのうち》の兆民《おおみたから》は王を以て主と為し、任所《よさする》の官司《つかさみこともち》は皆是れ王臣なり。何ぞ敢えて公の与《ため》に百姓に賦《わりあ》て斂《とりたて》せむ。

【訳】

国司と国造は百姓から税をとってはならない。国の主君は君独りであり、民は君独りを主とし、国司や国造もまた大君のもとに仕え務める立場である。それがなぜあえて公のためとしてそれぞれが百姓に税を課していいものか。

・日の理　天皇が神の理を引き継ぐことで行う齊元道の国を意味し、そこから外れないように政務を行う役人たちを誡めたもの。

・国司　大化の改新以後の官職名ではなく、政治に掌る職を指す古語でミコトモチと訳する。

・斂（おさめとること）　斂は収（おさめる）、聚（あつめる）とも訓み、稲束を斂るの意味で、税金を集めること。

第十二条（車の司道）

十二に曰く、諸司《もろつかさ》に任《よざ》す宦者《つかさびと》は、同《おなじなかま》の職掌《つかさこと》を通知せよ。或いは病《やまい》し、或は使いし、事に闕《か》くこともあらむ。然れども之を知ることを得るの日は、相和して曽《かね》て識るに如《したが》え。其れ与《あず》かり聞かざるを以て公務を妨ぐること勿れ。

【訳】

公務に携わる者は、同じ職につく者同士で仕事内容を共有し、互いに知らせあっておかねばならない。病や他の用事で役割を果たせないことがあるかもしれないので、その仕事を知っている者が助け補うようにしなければならない。知らない、聞いていないとして怠り、公務の遂行の妨げになってはならない。

・車　公務に携わる者は車の両輪のように共に同じ方向へ進む立場との教え。

・諸同　潮音写本に「諸司に任官人」とあるのを採り、諸司に改めた。

第十三条（地の徳道）

十三に曰く、群臣《まえつぎみたち》百寮《もものつかさたち》は嫉妬《うらやみねたむこころ》を有《もつこと》無かれ。我れ既に人を嫉《うらやめ》ば人も亦我を妬《ねた》まむ。嫉妬の患《わざわ》いは其の極を知らず。己《おのれ》に智勝《まさ》る則は悦べず。徳己れに優《まさるとき》は嫉妬する所以《ゆえ》なり。

是を以て良哲を出すこと無し。五百歳の後　及令《これたと》え賢に遇《あわ》んとも、千歳を以て一《ひとり》の聖《ひじり》を得ること難し。其れ賢《さかしきひと》、聖《ひじり》を得ざれば何ぞ以て国治まらむ。

【訳】

すべての官吏、役人たちは互いに嫉妬心を持つことをつつしまねばならない。人を妬めばまた他人から妬まれるものである。嫉妬心から起きる災いは尽きることがない。自分より智慧があり勝れている者の存在を悦ばず、行いの正しい人に嫉妬する。そういうことをしていては、優れた良き人材を出すことはできない。五百年の後にたとえ賢い人が現れようとも、一人の聖人に巡り会うことは先年かけても難しいものだ。賢人や聖人が現れることなくして、国が治まることはない。

・地の理　天に順って成るのが徳で、地は天に抗うことはないことから、自分の天職を自覚して、他人を羨んではならないという誡め。互いを尊重し、和していくことによって優れた智慧も生まれ、賢人の活躍できる場を保つこともできる。ましてや聖を望むならなおのことということである。国を平和に保ち、豊かにしていくためにそれぞれの役割が必要なのだという自覚を促している。

第十四条（天の公道）

十四に曰く、私に背《そむ》き公に向かうを、是れ臣の道とせよ。凡そ人に私有れば必ず恨むこと有らむ。恨み有れば非《そしるつみ》を作《おこ》し固《まこと》を失はむ。固《まこと》に非らざる則は私を以て公を妨げむ。恨み起こる則は制《おきて》に違い法を害《そこ》なわむ。之に由て私を推《しりぞ》け君を君とし、臣を臣とす故に、古典に云く、夫子の道は忠恕のみと。それまた是の情《こころ》ならんか。

【訳】

公職に務める者は、私情を滅して公務に専念しなければならない。

たいていの人が私情のために恨みを抱くことが必ずあるものだ。恨めば相手を非難し、誠実さを失ってしまう。偏りのない信を捨てて私情を持てば公務を妨げることになる。恨みによって動けば制度や法を踏み越えてしまうものだ。そうならないように私情を滅して公の決定に従い、公人の自覚を持つことを古典に伝えている。賢者の道とは真心でその務めを果たし、仁（おもいやり）をもって行うのみであると。それはまた、公務に携わる者の心得である。

・**天の理**　天のはたらきの厳格さに私無き公道のあるべき姿を見て、そこに皇政を学べと戒めたもの。

・聖徳太子曰く、「万の悪の本は私の我なるのみ」また、「私（えてかって）の我は貪欲よりおこるものなり。貪欲は諸々の四業よりおこる。一は利用、二は名聞、三は色淫、四は席幾、これが互いに交じりあい六情を生じるものなり。」として、一に憎悪、叛き違える時は憎悪となり、はなはだ過ぎる時は誹り（誹謗）、諂い（善を毀し能を害するの讒言）となる。次に忿怒、逆らい争うときは忿怒をなし、大いに過ぎるときは殺害となる。三は嫉妬、他の長じるときは嫉妬し、大いに過ぎるときは謀略を為す。四に耽恋、向い応じるときは耽恋となり、大いに過ぎるときは邪乱となる。五に好望、依り託るときは好望となり、大いに過ぎるときは盗劫（とうごう）となる。六に悋情、執着するときは悋情（ねたみ）となり、大いに過ぎるときは独絶となる。以上の六情が分かれ広まると思いの悪、言の悪、行いの悪と無限に至り、その悪を規（ただ）して、其の本に至りて退いて「私我」を追い払うとき、終に万悪も解けよう」と教えている。

・**公道**　「我に独りの真あり。これ心の源、それが吾の君（あるじ）なり。その体は冲莫（ちゅうばく）、空虚は自らも他も一つにして区別されるところなし。その性は真明なり。天地も神明も同じにして又、区別されざるゆえに人我、私欲を無くし、この地に至るものはついに私我と離れて公に発（おこり）得る」と教えている。（六情、公道ともに御語本紀より）

・**古典**　この箇所に日本書紀所収の十七条憲法は「故初章云。上下和諧。其亦是情歟。」としている。つまり十七条の第一の「和を以て貴しと為せ」の戒めが引用されたとし、この憲法本紀の原文とは異なっている。

・**夫子**（ふうし）　男子への敬称。また長者賢人、先生の意味の呼称。論語の子曰くは「夫子曰く」の略、孔子をさす。

・**忠恕**　論語第二篇、第四章「理仁」の項に「参、吾は一を以て之を貫くを道とす。曽子曰く、唯（はい）と。門人問うて曰く、何の謂いぞや。曽子曰く、夫子の道は忠恕のみ」〈訳：或る時、曽参（孔子の孫の子思を教育した弟子）に、孔子は「参よ、わたしは一を以て之を貫くを道としている」と行って出ていってしまわれたが、その場に居合わせた人には意味が理解できなかった。それに対し参は「先生は忠（ただしい）とする誠と、恕（いつくしみ）とするなかに通う中庸が最も大切と言われたのだ」と教えた〉とあることを指す。

法制に儒教を引用し用いているのは、「忠恕」及び「中庸」が正（かたよりのない）道を説いた神道の特に霊宗道と一致するためである。忠恕を日本語に一言で置き換えるのは難しく含蓄の多い言葉であるが、公道を行うためにふさわしいとして使われたと考えられる。

第十五条（水の時道）

十五に曰く、民を使う時を以《もち》いるに、古の良き典《みち》に之《はか》れ。故《こと》に冬の月は間《ひま》有り。以て民を使うことも可《よ》し。春より秋に至って農桑の節《とき》には、民は使うべからず。其《それ》、農《なりわ》いせざれば何を以てか食《くら》わむ。桑《くわつま》ざれば何を以てか服《きもの》とせむ。

【訳】

民を労役に用いる時を決めるには、古来の政道に従って行わねばならない。冬の季節は、民に暇があるので使ってもよい。春から秋にかけては耕作や桑栽培、養蚕が忙しい季節なので使ってはならない。そもそも民が働かなければ皆何を食べるのか、また桑を摘まないなら蚕は育たず、そうなれば着る服も作れなくなるのだ。

・**古の良典**　典の字は、漢書に「典は五帝の書（ふみ）なり。経（おしえぶみ）なり。法（みち）なり」とあることを宛てたもの。

・**之**　はかれと訓む。「之」を良典に続く「ノ」とは読まない。之はコレ、コク、ハカルとも訓み、ハカル（計ルの意味）が立法の意味と文に合い理解しやすい。

※日本書紀にある十七条憲法の各条文は、解釈が制定時の状況や聖徳太子の思想と離れ、訓にもそれが表れている。その間百年の隔たりは大きく、聖徳五

憲法製作の発端となった白鹿の瑞祥から乖離して元々の意味と無関係に構成されているためである。

第十六条（籠の品道）

十六に曰く、大事は之を独断せざれ。必ず衆《もろもろ》と与《とも》に宜しく論《あげつら》うべし。小事は是れ軽し。必ずしも衆とするに足らず。唯、大事を論ずるに逮《およん》で、或いは癡《おろか》にして失《しくじ》り有らむ故に、衆と与に相い弁辞《べんじ》する則《とき》は理《ことわり》を得べし。

【訳】

政務の大事な決定は、独りで判断してはならない。必ず皆とともに話し合わねばならない。事務的な簡単なことはすすめてもかまわない。ただし重要な決定をするときは、未熟で配慮が足りないための失敗も起こりうるので独断してはならず、皆と話し合い内容を吟味し、筋道を通して理に叶うように取り計らわねばならない。

・**籠の理**　大小の品目の内容に応じ、ふさわしいやり方で理を得よと諭したもの。

・**癡**（おろか）にして失り有らむ故には、日本書紀では「若し、失有らんことを疑う」と訓んでいるが、誤字に気づかずに訓んだもので意味を為さない。

・太子曰く、「その国界は天を失うときに亡び、世を失うときは乱れ、人を失うときはむなしく、事を失うときは凶（いまわし）く、又、これ人倫を失うときは亡び、理を失うときは乱れむ」と教え、政治においては状況、事柄、道理の判断を誤ってはならない、何よりも根本は天に背くなかれと説かれた。（御語本紀）

第十七条（鼎の法道）

十七に曰く、篤《あつ》く三法を敬《うやま》え。三法とは儒と釈と神なり。則ち四姓の総《すべて》の帰《よりどころ》にして万国の大宗なり。何れの世、何れの人か、是の如き法を貴ばざらむ。人には尤悪《もっともわるきもの》鮮《すくな》し、能《よ》く教うれば之れに従わむ。三法に帰せざれば何を以てか枉《まがれ》るを直《ただ》さむ。

【訳】

真心をもって三法を敬いなさい。三法とは儒教、仏教、神道の三つの法である。すなわち三法は世の中のすべての人々のよりどころであり、国々を治める大本である。どんな時代でもいかなる人でもこの法を貴ばないということがあろうか。元々悪い人というのは少ない。よく導けばそれに従って良い方へ進むようになる。ただ三法を用いないとすれば他にどうやって悪や間違いを教え直し、正すことができるだろうか。

・鼎　鼎の三本足に喩え、三法合わせることによって国家と国民の幸福を支えるという意味。

・敏達天皇七年三月九日、聖徳太子は天皇の御下問に対して白す。（当時、太子は

まだ王子の頃）

「陛下は一の断りを知りたまうも未だその再（ふたつ）の処（ことわり）を尽くしたまわず。臣、至って幼しといえども、つらつら儒釈及び神史の文をみるに大方は分明にしてここに疑うべき所無し。

神道は道の根本にして天地とともにおこり、以て人の始めの道を説（おしえ）しものなり。儒道は道の枝葉にして人々とともにおこり、人の中道を説くものなり。仏道は道の花実にして、人知の熟（みのり）として后に発り人の終の道を説くものなり。

始め晦くしてなんぞ、中、終、明らかとならん。中妄れれば始、終は調（ととの）わず。（中略）根本なくして枝葉あること無し。枝葉無くして花実或る事無し。しかも花実なくしてなんぞ根本あらん。（後略）」と三法の必要を奏上した。

〈訳〉陛下は神道のことはよくお解りですが他の二法について詳しくはご存知ありません。わたしはまだ若輩ではありますが、よくよく儒道、仏道と吾が神の道についての史を学んでみましたところ、その大まかなところは同じであるとわかりました。

神道はすべての道の根本で、天地物事の始まりを説き、したがって人の始まり、元のもとのところを教えるものです。儒道は道の枝葉であり、人々の世の中が仕上がってくるのと同時に起こり、社会をどう生きて行くかを教えたものです。また仏道は道の花実、人生の実りの締めくくり方を教えたものです。

生まれてきた意味がわからないならば、人生の途中も、死に臨んでの終わりの意味もわかろうはずがありません。また、中が乱れるということは始めと終わりも整っていないということです。また根がなくて枝葉はつかず、枝葉が茂らなければ花実は咲きません。ましてや花実がつかずして根付くことはありません。（後略）と三法すべての必要性を申し上げた。

・

太子は治世においては、国家経営の裏付けとなる思想および道徳と倫理を重要視されている。そのためこの十七条に結論として三法に謹めと誡められた。

通蒙憲法　終

政家憲法

第一条（琴の和道）

一に曰く、政の道を為すは独り天の理に止り、志を孤《ひとり》にして好嫌《すききらい》を絶ち、我を孤《かえり》みて党讎《みかたかたき》を離《なく》せよ。好党《すきなみかた》の非《わるきこと》を耳《きく》くも之を理と化し、悪《にく》む讎《かたき》の口《ひと》の理は之を非《わろし》と化《す》る故に、好悪を絶ちて、物に融《とろけあ》いを致し、党、讎の離《へだてな》く、政を和に帰《もど》し、物《こと》と政を融和すれば兆民も理まらむ。兆民理まりて天下平《おだやか》なり。

【訳】

政治を担う者は、私心を捨て、公務に私事を持ち込まず、吾が国の神の道（五鎮道）に基本を置いて、その志を固くしなければならない。好き嫌いの思いを抱かず、敵味方を作らないようにして偏らないことを心がけねばならない。

人は好きな者には肩入れし嫌う者のやり方は非として批判するものである。その好き嫌いの感情を無くし、富が平等に行き渡るように経済の流れをよくして、心ある政治を行えば人々は落ち着き穏やかになる。人々の暮らしが成りたってこそ世の中が平和になるのだ。

・**天の理**　ここでは神道の大本である五鎮道を基にした三才、神籬を建て磐境をおこしその心を保つ、宗源道と齊元道、霊宗道をさす。

・**政を和に帰す**　物は経済、政は天の理に基づく行為。祭政一致の原則を行う第一に大切なのは和である。和は神の徳を人に降ろした穏やかな心の状態をさし、そのためには偏らないこと、好き嫌いや敵味方の感情を絶てと諭したもの。

第二条（斗の順道）

【訳】

二に曰く、辰、宿、星は天君なり。公位、公度して天の仁を幹《えとのかみ》の転《ほどこし》なり。支《ひよみのかみ》、禽《つかいのかみ》は地の臣なり。忠《ただ》しく列《なら》び忠しく行い、地の義《のり》と定めよ。

是れ人君、人臣の理たるや。故《かれ》王道は公政に仁を化《ほどこ》し、臣、連は忠《まめ》に事《つと》め、義《ただし》く奉《つかえ》るは是れ天の道なり。故に下事《しもつまつりごと》は命を守るなり。私に過《あやま》る則は定まって刑被《つみせられ》む。上政《かみつまつりごと》は天に宛《あた》り、過《あやま》ちある則は匹夫に負《そむか》れむ。故に過ち為すことを改めよ。逸《ほしいまま》なる政を不改《あらためず》ば嬌法とならむ。

日、月、二十八宿の星々は天つ神々である。天つ神は二十八位の神々を選び日の神の仁を伝え、またそれぞれの役割を定めて地神へ降され公の道を司らされた。その位に準じて人の政は定めなければならない。これが人の世のやり方である。王道は仁を施し、政に仕える官吏たちは忠義をもって仕事を為すことが神の道に叶うことである。諸々の役人たちは命じられたことに従って行わねばならない。私事に逸れ道を外せば罪に問われ罰せられる。ゆえに過ちを犯さないように己を改めよ。私欲のままに政を行って改めることがなければ詐りの法となる。

・辰　北辰、北極星を指し、ここでは日、月となる。天体になぞらえた神の序列によって君臣の役割を教えたもの。

・宿　東西南北の七星、二十八宿を指す。幹は兄弟（えと）の十干のこと。漢書に甲、乙を幹と為す、幹は日の神なりとある。

・天照大神は、或いは日の国中に坐すときは、日中姫尊と化り、或いは日照の前に坐す時は日前姫尊となり、或いは常に日のみすがたを抱き坐す時は日抱彦尊と化り、或いは日の気を通わす時は日通童尊と化り坐す至高神である。だが世の妨害に遭いたまい、それが天極二十八位が未だ定まらざることにあると気づかれたまいて、千神（うえつかみ）の八柱に詔りて、天地の中より勝れた徳のある霊神（みたまがみ）を撰び、二十八位を定められた。その神を以て台（代）神と成し、貧富、禍福、寿夭、吉凶のことごとくを処理されたと神書に記す。

第三条　（月の礼道）

三に曰く、天は尊《たか》しといえども施《まとう》て地を包みて譲《へりくだり》を為す。若し高きに亢《たか》ぶりて上に昇る則は度《つれあい》に非ず。

地は元より卑《ひく》きに定まって天を仰ぐの節を為す。然るに定まれるに反《そむ》き、下の反《ひるが》へる則は方を失はむ。人倫《ひとのみち》は中に在《とどまっ》て、天と地とに応じ法を為す。

故に王者は文を節して政を底《いた》せ。臣庶は敬いを格《ただ》し命に降《おり》よ。

【訳】

日は高みにあって尊いものであるが、月は地球の周りを日々巡り日に対し謙遜しているかのようである。もし月が地よりも高きにあることを奢り、今よりさらに上ろうとすれば、日と月は調和を失い反発し道を外れてしまう。地は天あっての地として天を仰ぐところに落ち着いているが、もし高みを望んで天地の節理に背けば乱れ、治まるすべを失うこととなる。人の道は偏ることなく中道を守り、天と地とに調和するやり方を定め行う。ゆえに王者は天地人の理にかなう法を定め政をなさねばならない。庶民はそれを敬い、己をただし、したがって生きなさい。

・ **月の理**　謙遜する道を天の法に学ぶ。天地の節度に倣い、地位を弁え礼を重んじることで法を護ることができる。よって高慢になり私慾に走ることを慎めと為政者を戒めたもの。常を変えることへの戒め。

・「天政は毫（うのけのほど）のすきも容れられず、天は年々に成し、月々に成し、日々に成し、時々に成し、刻々に成す。（中略）其れ私無きこと是の如し。（略）心に高ぶらず、口に詐らず、身に怠らず、此の三は我が生涯の常なり。唯此の常有って快からしめ、身を安からしめ、子孫を永からしめむ。（略）心に謀慮を発し、口に謀言を説き、身に謀業を作す。此の三は是我が生涯の変なり。心を苦しめ、身を危うからしめ、子孫を亡ぼさしめ云々」（四十九巻暦道本紀）と戒めている。

第四条（台の政道）

四に曰く、人情《ひとのこころ》として先に聞くことに偏《かたよ》る故に、其の片《かたがた》を先にせざれ。上下との訴へは其の罪は大底は上に在り、下を囚《とりこ》にする則は、上が驕《おご》っては罪は絶えざらむ、乱は茲に発《おこ》る。

縁《てづる》に便《たよ》る訴には必ず非あり。政の者、頼りに傾く則は　正　政《かたよらざるまつりごと》は失われむ。貧と富との訴　其の誠は諸《これ》（おおく）は貧しきに在らむ、規《たださ》ざる則は悲嘆は止《や》まざらむ。一《ひとた》び非政発《おこ》らば天下、皆晦《くら》からむ。何ぞ以て万機理《おさま》らむ。

【訳】

訴訟においては、先に事情を聞いた方に偏ってしまうので必ず両者の話を平等に聞かねばならない。地位の高い者の訴えは、大抵は上の者に罪があるものである。理由を確かめないで上からの訴えのままに立場の弱い方を罰すれば、地位を利用する者の罪がなくなることはない。国の乱れはこれが要因となって起こるものだ。血縁や身内仲間などを頼り便宜を図ってもらおうとする者には必ず非がある。刑罰、訴訟担当の官吏が頼られたからといって判断を左右していては正しい政は失われてしまう。貧しい者と富む者との訴訟は多くの場合は貧しい者が正しい。この富む者の悪事を罰しないならば、貧者は悲しむばかりだ。政治が廃れ悪事が増えれば世の中全体が暗くなる。そのようなことを許していて物事を解決できるわけがない。

・政治家が不正をすればどうなるかを教え戒めたもの。

・聖徳太子が後の舒明天皇に対して「汝、政のことを学ぼうとすれば先に道理のことを研究せよ。人は道理を知らずして理由の如く理由をいれることは至難である。故に常に理由を学んで心にさとって之を格し、以て臨めば質外の知を得て議外の紛れも分別し得よう。尚かたよらずに進むとき、そこにはじめて理心、理極に入り得て、質外の聖を得て識外のものも理解出来る訳である。この時、情は私を離れ、心は公に立ち戻って、偏ったものの考えもなくなり、理由は理由にしたがって双方の争論の是非も正しく裁くことが出来、何ごとにつけても事物の曲直に妨げられることがなくなるものである。凡そ皇道の政というものは、正（かたよらない）淳（きよらかな）信（まこと）の心がけであらねばならない」と訓戒されている（御語本紀下巻）。人の情の中に隠されているものを見抜き、正しい判断ができるようになれという教えである。

第五条（鏡の智道）

五に曰く、政を為すに寛大を善《よし》とせよ。

佳美の法度は尚これ無きに如《し》かず。況んや荷荐《かせん》の法度に於いておや。愚蒙《ぐもう》なる主宰《きみ》は泰平に為さんとして蒼思《そうし》に任せ、恣《ほしいまま》に数《しばしば》ば条《きそく》を設け、民をして其の法迫るに労《つか》らす。事は其の制廉《せいれん》より出で、遂に累積して風塵《さわぎ》を起こさむ。唯、箇《ひとり》の仁恕《じんじょ》のみが泰平《たいへい》を致さむ。

【訳】

まつりごとには寛大な心が大事である。表向きの体裁を整えたみせかけだけのやり方にはそれが欠けている。ましてやあからさまに酷いやり方を定めるなどいうまでもない。愚か者の君主は世の中を治めようと焦って思いつきに走り、たやすく規則を作って抑えようとし、かえってそれによって人々を苦しめる。それが積もり重なれば乱世となる。唯、思いやりと真心をもって行う政だけが、穏やかで争いのない世を作ることができるのである。

・佳美　体裁、みせかけの虚飾の意味。

・苛荐　苛（しいたげる）と荐（かさねる）から親心を欠いた惨い政治の意味。

・蒼思　おもねり。

・制廉　たやすく法制度を出すこと。

・「理を以て悪を治めるは是聖人の道なり。理を以てせざるは道に非ず。道に非ざるを以てせば異道（あだしくにのこと）ならむ。是も宗天の一道なり」と。或いは曰く、「悪を治めるに理を以てせば理紛れて悪を長さむ。虚に入て跡を消すことは真人の道なり。真道に非ざれば是仮道なり。是も宗天の一道なり」と。或いは曰く、「心に入って心を尽くすに毫悪も有ること無し。此の極に入って悪を治めるは是れ大聖の実道なり。然らざるは外道なり。是も宗天の一道なり」と。或いは曰はむ。「神明は純善なり。之を止める者は自ら悪を廃めむ。是れ霊道の大道なり。然らざれば虚道ならむ。是も宗天の一道なり」と。無情の天道と言うは何ぞや。「此の中に是非無く、天中の自らに有るなり。己に依て分けて一を取り、己を是とし、他を非とす。人に自他あるも、天に自他なし。宗に自他あらむも、天に是非無し。宗と為す者は道の状を作り、是に譬（ひ）を振りて之を作すも、吾道は一無き故に状無く、此の道は皇政を成し、民を導いて皇政に入り、去る時は悪く、止まる時は善なり。是ぞ吾が皇道なり」と。之を無状の天道と云い、これまたその諸宗の中に在り（略）今、いささか之を云うは還って是非を為してまた、道の状（ありさま）を為しまた、その諍いを発し悪を加え、物を紛らわし、善を障げて自ら有るの天道に背かむ。（第六十四巻御語本紀）と聖徳太子は説かれている。仁怒が儒学から採ったものではなく、神道の根本に、様々な形で表われていることを教え、法に用いた。

第六条（竹の官道）

六に曰く、法度を立つるの道は、先ず上の罪を断《た》て。上、公を枉《まげ》るときは、下も訴を枉む。上仁《うえのおもいやり》を盗《おこたる》ときは、下も財を盗まん。上に盗《ぬすびと》居て、下の盗を刑《しおき》せば、日《にちにち》千頭を刑《ころす》といえども、賊の竭《つきる》こと無けむ。上《うえつびと》が枉《まがつ》て居て下の枉《つみ》を制《おさ》えるも、月々萬《よろずびと》口を獄《うったえ》るといえども罪の絶《た》ゆること無からむ。

【訳】

法はまず上の位の者を取り締まる法を定め、上の者の罪をなくさねばならない。上の者が仁の心を忘れれば、その下に務める者も罪をなす。上が法を犯せば下も法を枉げるようになる。上が盗みを犯しておきながら下の者の罪を責め罰せば、毎日千人を刑に処しても、盗人や悪人が世の中から無くなることはない。上に立つ者が法を犯しながら下の者に厳しく対処しようとしても、月に万人を捕らえようと罪人が絶えることはないのである。

・竹の理　竹の節と竹が真っ直ぐに伸びる様に喩えて、第一に為政者の罪を断てと戒めたもの。

・太子から崇峻天皇へ「天皇、無道に坐さば、盗賊国に満ち、日々刑（ころ）しても絶えざらむ。先皇は神に誓て以て人を刑（つみ）することあらむも、これを思うに、それ天皇の恥じる所、先皇の痛む所、刑を行うより大なるは無し。国に盗あるは是れ王者の賊なればなり。王者不義にして営利を先にし、以て道を先にせざればこの時、民はいかでか飢えざらむ。王者不仁にして苛政を為し、以て飢えを救わざれば民はその時いかで盗まざる。王者智らず専ら刑のみを行って、理を行わざるときは民いかでか乱れざる」とお諫められた（御語本紀）。

・「盗賊に非ずして盗賊よりも甚だしき罪有り。己而（わたくしにして）法を立て皇礼を抛つ、己（えてかって）に理と言い皇道を蔑ろにすることとなり。皇道、皇礼は一旦の理、一日の義に非ず。これ千古に鑑みて之を立てしは一人の教、一宗の軌（きめ）には非ず。これ百経に撰んで之を述べ、以て天に合わせ、地に合わせ、神に合わせ、人に合わせて極となしたるもの、何ぞ一人の好みに偏頗される旨ならむ」（御語本紀）と説かれ、上に立つ者の「私の罪」を戒められた。

第七条（冠の位道）

七に曰く、政を正すの要《かなめ》は良哲を尋《たず》ね索《もと》め之を用うることに在れ。仁徳の無き者は諸《おお》く好きな者に偏《かたよ》る。勇徳の無き者は諸《これ》、威者《たけきもの》におそれむ。義徳無き者は諸、賂者《まいないびと》に迷い、智徳無き者は諸く巧者《たくみなるもの》に眩《くらま》されむ。四徳を有《たも》つものは是れ賢《かしこきもの》なり。賢は得ること難き故に、一徳に合う者を賢に代えよ。主上、賢を好で一徳の者を得るときは賢もまた来たらむ。

【訳】

政をかたよりなく行うには良き考えの優れた人を探し求めて用いることが肝心であ

る。思いやりのない者はたいてい自分の好みに偏り、節度のない者は自分より強い者を恐れる。慎みのない者は賄賂の誘惑に弱く、知恵の浅い者は言葉巧みな者に騙されやすい。仁徳、勇徳、義徳、智徳を保つものが賢い人である。すべてを備えた者を探すのは難しいが一つでも徳のある者を採用するべきである。それによってまたさらに賢い人が現れるからである。

・政治の要が三法の学びにあるのは、三法から人として最も大切な心であり徳を得るからである。徳を身につけず知識だけ得て学に見せている者を巧人としてここに戒めている。政治は法を立てるだけでなく、それを運用する人の資質が問われることを諭したもの。

第八条（契の信道）

八に曰く、刑を行うは政の重さなり。以て之を輒《たやす》くする則は先皇の道を失《しく》じらむ。天の所《みまもること》は専ら此《これ》にあらんか。刑するや、不孝を一と為し、不悌を二と為し、不忠を三と為し、不義を四と為せ。

孝と悌とを廃《すた》らし、忠と義と亡《なみ》すれば乱賊に満《みて》む。無道の君は乱賊を悪《にく》んで乃ち刑し、不孝は赦して之を置《そのままに》す、刃を折ると雖も治まることを得ざらむ。豈《なん》ぞ本を乱して其の末治まらむや。

【訳】

処刑は政治において重要であり慎重に行わなければならない。思慮なく行えば神の道に外れ、古来の皇道を汚し失政を招くことになる。神が見ていることを忘れてはならない。刑は、まず親不孝の罪を第一にし、兄弟や年長者への裏切りを第二とし、君主への裏切りを第三とし、道に外れたことを第四として罰しなさい。第一の孝と第二の悌が廃れ忠義が無くなれば賊だらけになり国は乱れる。道に外れた君主が賊を憎んで処罰し、不孝は放置したままでは、賊をいくら捕らえても国は治められない。最も大切な親兄弟を大事にする根本の心が人々から失われていては、その先も国の乱れが治まることはない。

・契　治者と被治者の約束であるということから契を「刑」に宛てたもの。法という約束事を守ることで治世が偏り無く行われるからである。

・孝　太子が小野妹子へ「事を善くするのは本を務むるにあり。父母は人倫の基本なり。之に事（つかえること）たるや人事の基なり。其の事たるや孝を以て孝を行うなり。愛を以てし、敬を以てするなり。愛は躰なり。敬は用なり。敬い、愛（おもんじる）は孝行の基なり。基立て末成るなり。万てはこの基を自ら成（しあげ）るなり。孝成って悌成り、悌成て忠成り、忠成って信成るなり。孝悌忠信は人事の大なるのみ」と教えられた。（第六十六巻御語本紀）

第九条（龍の謙道）

九に曰く、国を安んずるの本は五図《いつつのはかりごと》の多きに在《とどめ》よ。

其《そ》れ、厥《それ》の多きことたるや米、粟の多きに在り。人の世は、衣、食、木、財、器の図《はからい》に立つものなり。然るに食に粟少なくば、田を耕し蚕を養い、木を伐り、金を掘り、器を造るに何ぞ以て、豊かに之を作らむ。然るに也《これ》、悪《いず》くんぞ戸《いえ》に足《たらわざん》や。米の直《あたい》に銭多《ぜにたかき》ときは五の直《あたい》も之に随て多《たか》からむ。鮮《すくな》きを以て多《たかきもの》を買うときは、世は其の立つ所を失わむ。民はここに困《くる》しみ、国もここに危《あや》うし。

【訳】

国が安泰であるには五つの事が豊かで多くなるようにしなくてはならない。まず米、粟はたくさん収穫できなければならない。人の世は、暮らしに必要な衣食木財器の五つがあって成り立つ。したがって粟が少ししか採れなければ、田を耕し蚕を養い、木を伐り、金を掘り、器を造るのにこれらをどうやって賄うのか。各戸皆に渡るには足りないではないか。米の値が高い時はそれに従って他の物も高くなる。少ししか採れないのに高い物を買えば経済は破綻する。民は苦しみ、国の行く末も危うくなるのだ。

・器　諸々の生活道具のこと。衣食木器財とは生活を営むために必要な主たる物。

・多　銭多きは物価が高いこと。鮮は安いという意味に宛てた字。

・五図　五鎮、五教（仁智義礼信）からとった用語。
五教は神道における人の道の教え「害を治め身を立てるの所以なり。（略）天に気無きことなく、人に情無きこと無く、情を傷ね、気を損ねること末代ほど盛んなり。何ぞ二教と共に卑しめて廃られむ。何ぞ礼道、独り尊んで立てる所ぞ。当に五教全うして実の一身の理（おさま）ることを知るべし、また五の学びを全うしてこの一儒は立つなり」（第七巻神事本紀）と、後儒の影響による偏りを戒めた。

第十条（花の事道）

十に曰く、米粟を多くするの本は五事の非《たがうこと》を無くするの是にとどめよ。君に畜《たくわう》の臣を無くし、民に遊ぶ族《ひと》無くし、国に荒圃《あれはた》を無くし、政に苛政《むごきおきて》を無くし、祭りに悋《おしみ》の修《おこない》を無くせよ。

也《また》、畜臣を要《もち》いるときは廻宝促《せま》り、遊族を置くときは穀功を費し、荒圃を損《すっ》るときは田畠を微《すくなく》し、苛制を下すときはのがれて耕さず。恪みの修を行うときは風雨に変《おか》されむ。焉んぞ米粟の多《さわ》ならんか。

【訳】

世の中の安定する基本となる米、粟を豊作にするには、五つの非を無くさねばならない。一つは公金を横領する官吏を無くし、働かず遊び歩く民を無くし、荒れ果てた田を無くし、民にとって惨すぎる取り締まりを無くし、神を祭ることを疎かにしないようにせねばならない。また横領する官吏を使えば貨幣の流通が滞り、遊び人を気ままにさせていれば食べ物が減り、田を荒れたままにしておけば田畑は少なくなり、惨すぎる制度で民を縛れば民は逃げてしまい耕す者がいない田はさらに荒れる。祭りをするに手を抜き供えを怠ければ風雨荒れ、被害を被る。この非があってどうして米粟が豊かに採れるものか。

・五事　国家や一般家庭の生活を潤し豊かにする五つの心得を具体的に挙げて戒めたもの。

・廻宝　貨幣の流通。
・遊族　一般の徒食遊民。
・荒圃　荒地
・悋修　神仏への捧げものを悋しみ祭事を怠ること。

第十一条（日の主道）

十一に曰く、反乱の本は国乏しく民の貧しさに在り。国乏しく民の貧しさに、諸《すべ》て財《たから》を宮庫に秘《かく》し、米を官蔵に蝕《むしば》しむるに在り。夫れ畜慾の国に住むよりは、寧ろ誇《おごりほこる》の国に住まわむ。畜慾の世は貨《ぜにのたから》上って都宮に隠されむ。誇《おごりほこる》の世には貨下って郷扉に流れ、富める民は楽して、己の躬《み》、子孫を惜しむ故に、慎《つつしん》で制命《おおせ》を畏《おそれ》むも、貧しき民は我を恨みて尚惜しむに足らずとしつつ、なんぞ制命を畏れむや。

【訳】

反乱の原因は政治が十分に行き届かず、民の暮らしが貧しいことにある。国の政治が滞って民が貧しくなるのは、国の財源を独り占めにしたり、米を横領したりする者がいるからである。そのような私慾に偏った官吏に支配される国よりは、高慢な官吏のいる国の方がましである。私利私欲に走る官吏は富を独占し隠してしまう。豊かさに驕っている時、金は天下を巡り、富む者は楽し家庭や身内を大切にするために慎みもあり国の制度に従う。しかし金が回ってこない貧しい民は自暴自棄となり、法を恐れる余裕もなく反乱の引き金となるのである。

・日徳　私の偏りがなく諸々を等しく照らすこと。

・畜慾の世、誇の国　いずれも偏った政策で国民が経済的に不平等になり、貧富の差ができ、国が乱れる原因となること。

第十二条（車の司道）

十二に曰く、主上《たかあまはら》の政を為すに仁《いつくしみ》に止《とどまり》て我を無《なみ》せよ。学ぶに、天《あめ》の度《のり》、地の行《のり》、人の法《のり》の理《ことわり》を以てし、吾が先皇の蹟《あと》を践み、臣をして先賢の蹟《おこない》に導き、天《たかあまはら》の天下を安んじ、天の兆庶《おおみたから》を樂《こころよ》くし、天《たかあまはら》自ら御《しろしめ》し、無為に帰《もど》し、虚莫《から》に御して王道《きみつみち》を隆《たか》めよ。

【訳】

高天原より伝わる政を為すには、仁にとどまって私を無くしなさい。天地人それぞれの理を学び、先皇から伝わる教えを守り、政治を掌る官吏は古き聖人たちの行いに学び手本となり、世の中の平安を願い、人々が豊かに暮らせるようにし、神代のような無為無私の心となって王道の政に勤しみ、務めなさい。

・車　載せることから、つかさどることを意味し、その御（のる）心構えと戒め。

・王道　主上（たかあはまら）の天照大神の位は、六極（虚、神、心、理、気、境）

をしろしめし、二極（易る、中る）を践み、以て日徳と成し、九天六地をつかさどる。この道の位を主（つかさど）ることにして、是を祚と名づける。この道の位につくを践という。日祚はここに始まる。無為虚莫の道はこの道を指す。

・**賢臣**　主上の政道が成り立つには、天度、地行、人法を学び、先の賢人の行いに倣って務め、仕えること。賢臣は事代主神に代表されるはたらきであり、私を無くし、天孫に事えること。。

第十三条（地の徳道）

十三に曰く、宰職は政を奉《うけたまわる》に義《ただしき》に止まり己《おのれ》を無《な》みし、学ぶに礼と楽を以てし、勅《おさ》え以い奉行《ひきつとめ》よ。天皇の治御《おさめたまわる》に非ざれば原《もとづく》所無く、国家の安全に非ざれば議る所無く、道心の実腹に非ざること無く、忠事の実体に非ざること無く、慮《おも》う所は宗廟の危うきにありて、我が家のことに非ず。顧みる所は黎《れい》民《みん》の苦に在りて我が身に在らず。公を実《みた》し、私を虚にして其の果を案《かんが》ざれ。

【訳】

それぞれの役目の職務において正しきことを第一とし、私心を無くし、礼と音楽を学んで美しい品格を身につけて務めなさい。

天皇の治世でなければ政には根拠がなく、国家の安全が目的でなければ議論する必要はなく、衷心と忠義で熱心に取り組み、常に気がかりは朝廷の存続についてであり、我が家の事では無く、国の民が苦労しないようにとの配慮はしても自らの保身のためではない。公に専念し、私を捨て、我が身の栄達を望まないで務めねばならない。

・地の理　地は天に対しての称。天は九天、地は六地という。天地それぞれにはたらきと役目があり、地は地の徳があり、万物をあるがままに受容し、好き嫌いの入る余地はなく、天のはたらきを受けて万物を養う。この地の理を官吏の心得とした。義に止まりての義はただしきと訓読する。

・礼楽　人の行為を調和するのが礼、人の心を調えるのが音楽（こころよいひびき）であり、美しい品格を作る。

・「天の好みは道の美しさなり。巧言令色に似ること猶、礼の諂いに似るが如し、天の好む道の美しさは是れ礼の根なり。巧言令色は是れ諂いの葉なり。」（御語本紀）本当の礼とみせかけの偽礼の違い。

・勒（ロク）馬の轡（くつわ）で抑えるという字から私（えてかって）を義（ただしく）抑えるの意味を強めるためにツトメとも訓ませたもの。

第十四条（天の公道）

十四に曰く、王者の政を為すは吾が政に非ず。是れ天の政なり。宰職の政を奉《うけたわまわ》るは吾が政に非ず。是れ帝《うえつかみ》の政なり。吾に非ざるを以て、吾に非ずと為して敬《つつし》みを致し、誠を致すときは己も無く罪も無けむ。

吾に非ざるを以て、吾が有と為《し》て恣《ほしいまま》に作《な》し、卒《ことごと》く作すときは上に一恣降って、下の千《ちぢ》の痛みと成らむ。上の一の卒《ことごと》が降って、下の萬の困《くるしみ》と成らむ。

災は是自《これよ》り起るなり。

【訳】

大王は私心をもってまつりごとを為すのではない。このまつりごとは天津神から降された道を全うするものである。官吏は私情を入れてまつりごとに務めるのではない。これは天帝の道を行うものである。これを弁えて敬いと誠をもって行えば、私心も生まれず道に外れることもない。私慾を出し、えてかってな行いをすれば、上に位置する者の欲一つで、下々の千人の痛みと成る。上の過ちのことごとくが人々の暮らしに影響し困難を来す。災いはこれによって起きるのである。

・吾が政に非ず　君臣ともに私を無くし偏らず行うことを何よりの至上とするのが神代以来の約束事であると説く。

・一恣降って下の千の傷み　公職にある者の身勝手な不正行為が国民の暮らしに影響する責任の重さを説き戒めたもの。

第十五条（水の時道）

十五に曰く、造士《みやつこざむらい》は政を蒙《うけたまわ》らば敬《つつし》みに止まり、以て高ぶること無く、学を為《おさむ》るには忠《ただしく》征すことを以てせよ。忠は也、仁《ひとをおもうこころ》にして己を無くし、征はこれ義《おさめる》ことにして貪《むさぼり》を無くすことなり。叛逆を以て好《よし》みを同《むす》ぶことをせず、己《わたくしごと》の恨みを以て敵と戦わず。勅命によりて進退し、忠義に生死せよ。

【訳】

造士は国の命にしたがって、敬みと謙虚さをもって忠義を忘れずに勤めよ。忠しきはまた仁であり、私心を無くし、義をもって征し、己の慾に迷ってはならない。また徒党を組んだり、私事の恨みを戦に持ち込んではならない。国の命に従って動き、私を捨てて忠しく務めよ。

・水の理　私欲に流れいくことのないように、勝手な進退をして誤らないように戒めたもの。

・造士　国造（くにのみやつこ）、伴造（とものみやつこ）等のこと。御臣（みやつこ）の転語で地方外官を指す。この条文では軍役につく国造、伴造で、一兵士のことではない。

・忠征　職権を嵩にして高慢になることなく功を鼻にかけることなく、私的な利害に迷うことなく、いかなるときも忠征の二字を忘れては成らないと説いた。

第十六条（籠の品道）

十六に曰く、兆庶《もろびと》は政を畏《かしこ》み、誠に止まって欺くこと無かれや。

農は耕し培って耘《くさきり》し、稼《うえ》るに休むことを知らず。工は法《のりのまま》に作り、美を存《とどむる》に厭《あくこと》を知らず。商者《あきんど》は馬に荷《にない》て渡り歩き倦《うむこと》を知らず。藝者《わざびと》は問い習い、錬り案《かんがえ》して投げ出すことを知らず。
御令《おおせごと》に慎み尽し、命せの用《まま》に勤め尽さしめよ。

【訳】

国民はまつりごとを敬い尊重し、誠実に裏切ることなきよう、それぞれの生活を行なうものである。農民は休みなくよく耕し育み、工は技を使い美しい物づくりに精を出し、商人は荷馬を引いて各地を歩き日々怠けず働くようにし、芸ある者は技を習い磨くことを努め精進し続けている。みな、国の決まりに従ってまじめに働けるようにしてやらねばならない。

・兆庶は　一般の国民がそれぞれの仕事に邁進できるような政治を、官吏がしなければならないと説いたもので、国民へ向けたものではない。

第十七条（鼎の法道）

十七に曰く、政《まつりごと》は学ぶに非らざれば立たず、学の本は儒と釈と神なり。然るに其の一を好む者は、各々其の二を悪《きら》いて、その在ることを妬《ねた》み、其の亡びんことを欲《ねが》う。これ我が知るを理と為し、知らざるを非となす所以《ゆえん》なり。故に政は宜しく三に通ずべし。一《かたよること》は好《よか》らざるなり。おそらく其の一を好むことを成さば政を枉《まげ》む。政を枉《まぐ》る則は、王道は廃《すた》れ、騒動も発《おこ》らむ。

【訳】

まつりごとは学ばなければ行えない。学びとは、儒教、仏道、神道の三法を基本とする。したがってこのうちの一法のみに偏り、他を疎んじ、他を無きものにしようと思う者は、自分が信じているものだけが正しいと思い込むからである。だからまつりごとを行うには、三法を学び偏りなく深く修め全てに通じなければならない。一法に偏って行ってはならない。おそらく一法に偏れば政を変え間違いを犯すこととなる。そうなれば古来の王道は廃れ、乱世を招くもととなる。

・三法　儒、仏はそれぞれ学者と高僧及び経典が伝来している。神道は先の天皇の記録と神文を聖徳太子が編纂し書き著した神教経、宗徳経を始め、神代の故読（こよみ）というものがあった。そこに儒、仏を加え、さらに暦本、天文、地理、遁甲、方術を取り入れた。これらの高度な学問を駆使するためにも、大本に三法を置き、この学問を政の基本としたもの。

・故読　神代から伝わる。こよみの神は真道見命といい、十二支、十干、年、月、日の節朔のことが究められている。これを百済より来た観勒の知識と合わせ、折衷して利用した。

・皇道は古来から受け継がれ護られてきた神の道であり、人々の平安と繁栄のために外すことのできない国家経営の基本であるとされてきた。しかし人口が増え、外来との交通も盛んになり世情が変わるにつれ、政治に関わる者に自覚を促すためには儒仏を加えて三法とする必要があった。改めて政治家にとって無私の心を定め、それを裏付ける学問をも明記した。法規を文章によって定めた時、それが空論とならないための細かな則であるが、法を活かすにはこの三法の学びが最も重要なことであった。

政家憲法　　終

儒士憲法

第一条（琴の和道）

一に曰く、儒士は也《これ》、五常の宗《わきどころ》、五倫《いつつのともがら》の源也《みなもとたれや》。五常は身に修《おこなっ》て倫《みち》と理《おさま》る。五倫は身を立て世を建つるものにして、人として之を学ばざる則は禽獣の消息《あさましさ》に落ち、永く君子の威儀を失わむ。其の学ぶ所は人の和を先にすべし。

【訳】

儒は五常の意味を明らかにした教えであり、これを人の道である五行のもとと弁えよ。五常は知るだけでなく日々行ってこそ理解できる。正しき行いである五行は人の生き方であり良き社会をつくるためのものである。これを学ばないときは、人の道を外し人でなしとなる。そうすれば君子としては失格である。五常はまず和を先に学ばねばならない。

・儒士　周公、孔子、孟子の経典に学んだ者。古代中国の六経を引き継ぎ伝えた伝統的思惟を継いだ学者を指す。日本への伝来は西暦二八四年の応神天皇十五年八月七日に百済の儒学者の阿直岐（あちき）が易経、孝経、論語を持って渡来し、翌年には王仁も渡来した。千字文などの典籍を伝えた。

・**五常の宗と五倫の源**　身を立て世を建てるという意味で、神道の宗源道に通じる。儒との違いは宗源の方は神道三才の一つである霊宗がそこに含まれていることである。作法に叶ったふるまいを自然にするためには、そのもとである心を修めよ、人と和することを学びの始めとせよということを諭し、知識に偏りがちなことを戒め、補足したもの。

・**和**　琴の調べのように、共に相和して美しい音色を出すべきとの教え。

・**神儒と天儒**　「諸神、悉く跡を秘し、真人（かんつひじり）起て主となり、真人衰えて至人（なかつひじり）と成り、至人衰えて聖人（しもつひじり）となり、聖人衰えて賢人となり、賢人衰えて才人（ものしり）となり、才人衰えて愚人となり、愚人衰えて悪人となり、悪人衰えて獣虫（あだしもの）となり、獣虫衰えて蠢物となり、蠢物衰えて空界独り在り。（中略）天のことは恣に成らず、未だ成らざれば好しからず、既に成れば疎まれむ。大己貴命は之を見（みそなわ）して医を伝え補写の法を為（つたえたま）えり。天太玉命は之を見して節を伝えるに敬（つっし）み齋（ものいみ）の法を為したまえり。天物梁命（あめのこやねのみこと）は之を見し、占（ふとまに）を伝えたまうに祭り、祓いの法を為（おさめたま）へり。天鈿女命は之を見し、和道（やわらぎのみち）を伝えるに雅楽（きよきうた）の法を為へり。武神霊雷命は之を見わし、略（はかりごと）を伝えるに勝負の法を為へり。此の法は一に帰る。これを「天（たかあまはら）の儒（まなび）」と名（もう）し、世の道はここに立つものなり」（神祇本紀）

〈訳〉神代の時代から人の世となった。真人が現れて人の主となり、真人が衰え至人、次は聖人、次は賢人とだんだんに人は神から遠去かり、さらに賢人が衰えて才人となり、才人衰えて愚人となり、悪人となり、獣虫となり、蠢物となり堕ち、そして天のみ残る。神は人の好き勝手にはできない。だが神に通じなくては不都合が生じ、通じれば疎ましい。大己貴命はそのために人に医を伝え、補写の法を伝えたまえり。天太玉命はまたそのために礼節を伝え、敬み（つっしみ）と齋の法をなしたまえり。天物梁命はそのために太占を伝え、祭り、祓いの法をなしたまえり。天鈿女命はそのために和道を伝え、雅楽の法をなしたまえり。武神霊雷命はそのために略を伝え、勝負の法をなしたまえり。これらは始めの一心に基づく。これを天の儒といい、世の中の道はここに立つものなり。

第二条（斗の順道）

二に曰く、儒の宗《むね》と為すに、理を天極に取り、法を天度に尋《もと》めよ。是れ古の聖は学は河洛《からく》に立ち、天を察《みそなわ》す神に通じるなり。人は天霊を暁《あきらか》にする所以なり。是、人倫を以て和し、日用《ひのはたらき》に応《かな》い、或は天を捨て、唯、日用と云い神を捨てて、純《もっぱ》ら人の常を云うは学有って治を無《なみ》し、近くに以て即ち遠からむ。

【訳】

儒は、北辰に理を採り、順道を守り天政に法（のっと）って行わねばならない。古い時代の聖人たちは天地を占う易を発明し、天地のはたらきを読み取った。人が天に伺い物事を為す起こりである。これによって人々が和して生きる時は天と通じ叶うが、天に背き口先だけで神を云い、ただ自然の恵みと五常五倫を教えるだけでは治世のためにならない。儒学の本質から外れたものとなる。

・法を天度に　人の世界は合う者、合わない者、順う者、逆らう者などさまざまに性格があり、順（したが）えば吉を得て逆らえば凶となる。天政に私無く、天法に妄れ無しと教え諭している。

・河洛　河図、洛書の略。易の八卦の元となった図。古代中国に伏羲（ふっき）という伝説の聖人がいて、天に伺うに黄河に龍馬が現れ、その背の上に模様があり、それを写しとり天地の変化を占ったという。洛書は、同じく古代に禹（う）が治水をした時、洛水（かわ）に神亀が現れ、その背にあった九つの型を写して作った易の原典。

第三条（月の礼道）

三に曰く、儒の学たるは礼楽に在り。礼は人の儀を道《おさ》め、楽は人の和を調《ととの》う。礼を学んで天の節文に諧《かな》い、楽を学んで天の運度に諧い、我を節《みさお》し礼《いやま》え。是れ儀は天に在り、即ち我に在り。我を和するは楽《がく》なり。是を調《ととの》うるは天に在り、即ち我にあり。礼楽、天我　皆《ことごと》く教えは惟れ一なり。一に至る則は道なり。是れ人倫《ひと》の常なり。常と為《し》て常を訓《おし》うるのみ。纔《わずか》にも　撩《もてあそぶとき》　則は礼に非ず。何ぞ道に有らむ。

【訳】

儒者の学びは常に礼楽にある。礼は作法を身につけさせ、楽は心の和らぎを調える。礼によって神代からの歳月の節目ごとの行いを学び、楽によって天の恵みと和合し、慎みて敬い感謝しなさい。作法の意味は天のはたらきに因み、よって我が身にある。

我を和ませるのは楽である。これを調和させるのは天の恵みであり、それが我が身となる。礼楽は天我を一つとするためである。一体となるときが人の道である。これを当たり前のこととして行って人である。少しでもさかしらなふるまいをすれば礼ではない。それで人の道に叶うはずがない。

・礼楽　わが国古来の礼楽が儒においても常に欠くべからざる道の中心にくることを教えている。礼楽は古代中国、古代印度など異国でも盛んだったが、本来は吾が国固有の礼道を指し、後に渡来の文化を加えた。

「上世の神人、真道命は年月、幹支、時日、節朔を記し、これを故読（こよみ）といい、人に天政の恐るべきを知らせしなり。天の時の政、王の節政による。故読の功に非ずんば則ち是を得ること無し。礼は是より起こり、楽も是より起こる、文も是より成る。（中略）礼楽、もし成らざれば天下王化の本を断たむ。其の本は唯（ひとり）故読にあり。（中略）それこの学たるや、震旦（古代中国の別称）天竺にそれ無きこと能わず（後略）」（四十九巻暦道本紀）

・「天三降魂尊は木徳神にして（中略）角音にて運行す。天五十合魂尊は土徳神に坐し、（中略）宮音にて運行す。天八百日魂尊は火徳神に坐し（中略）徴音を運行す。天八十万魂尊は金徳神に坐し（中略）、商音にて運行す。天八降魂尊は水徳神に坐し（中略）羽音（きよきねいろ）にて云々」と先天本紀にある。礼楽は我が国の始まりの時から有り、神代から人へ伝わったといえる。

・礼に非ざるとき道有らむ　「大歳は庚寅（かのえとら）に在り、日神遂に堪えずして蓬莱の窟に入り戸を閉め、出で玉わず、窟にとどまりますこと一年星宿干支（うえつかみしもつかみ）天政を行い給わず。年の事（みわざ）皆く空しく、此の外に殃（わざわい）の数を残して日月没滅を為す故に、此の年を除き棄てて積年の数に入れず。時に、八百万神、神集えに神集い、神議りに神議り、神楽を造（はじめたま）うに、窟戸の前に奏でまつる。日神、楽徳に揺るがれたまい、戸を闢き、再び照光され、此の世の殃い遣（わすれ）て数に乗り（後略）。」礼楽は人の精神と行為の調和をさし、神楽は神人一如を為すために行われる。そして儒学はこれらの意味から礼楽を日常行為に反映させ作法とした。

第四条（台の政道）

四に曰く、儒は是れ博識強記なり。是の要は致知《さとりをきわむるに》、格物《ものにただし》、其れを之《すすむる》に夫子の一貫に要《つと》めよ。

之を得ること則ち道なり。其の体は明徳《めいとく》、其の位は中庸《ちゅうよう》、其の跡は忠恕《ちゅうじょ》、曾子《そうし》の忠恕を謂うは空を謂うに非ず。王道は堯《ぎょう》、舜《しゅん》、禹《う》を師とし、臣としては周《しゅう》、孔《こう》、孟《もう》を師とせよ。学ぶ所は徳に有る故に、徳の無き賓《みちびきびと》は師とするに足らず。

【訳】

儒者は広く深く物事の知識がなければならない。知識を深め、事実を究めるには常にまごころを以てそれを行いなさい。それが道となる。その本質は明徳であり、行いは偏ることなく、自らの信を失わず、他へ思いやりを尽くすことである。曾子の伝えた忠恕は真である。王は堯、舜、禹に、学者と役人は周公、孔子、孟子など徳のある師に学び、その徳を知り我が身に修めなさい。徳のない先人を師と仰ぐべきではない。

・儒の道　儒者の道のよりどころは、明徳と中庸と忠恕の三つである。そのためには博覧強記であることと、致知格物という姿勢を示した。

・夫子一貫　論語（里仁篇）に、孔子が弟子の参（曾子の名）に「吾は一を以て之を貫く」と言い、周囲の人が意味を尋ねたのに対して曾子が「夫子の道は忠恕のみ」と答えたこと。

・忠恕　孔子の道の本質。わが国古来の道に置き換える宗源道と霊宗道に含まれている教えである。

・周　周公のこと。文王の子で、武王の庶兄。中古の時代に理想とされた聖人。

・徳無き賓　儒者が学ぶべき典籍と三公を君臣それぞれに明確に示し、邪道に外れることを戒めたもの。

第五条（鏡の智道）

五に曰く、学問は是れ習《なら》いて暁《さと》るのみ。学は先聖の跡に習い問《ただ》すには、先聖の理を暁《あきらか》にせよ。文《かざること》の之に乗じ、或は跡を捐《す》て文《はなやか》さを取りて（註・他本には跡を指て理を取り、或は跡を捐て理を取り）之を用いて学と謂う。（註・他本には周《まこと》して学びと云う）

跡無きの理は空理なり。理無きの文《はなやか》さは空文（註・他本には聖を失う）、豈《なん》ぞ用いて孔道（註・他本には周孔の道）と為さむや。故に人の先に在るも人は従わず、或いは従うとも利無けむ。

【訳】

学問は自ら習うことで深い理解を得るものである。古い時代の聖人の行いや言葉を記した典籍を学んで得るには、その教えの本質を究めることだ。古典には見向きもせずに、流行の目新しい理論や形式を学問だとする者がいるが、それは本質から外れたみせかけの空論にすぎない。それで周公や孔子の教えが説けるわけがない。よって新しい学説であっても人はついてこず、たとえ人を集めることができても、それが人のためになるということはない。

・太子曰く、「学問の道は到めるにこれ、殿（あらか）の階をのぼるが如し。学はこれ古聖の跡（行為）の之れに学ぶこと是なり。問うとはこれ、古跡の理に問うの是なり」と、儒学を学ぶ者の心構えを示され、学問は教えられてではなく自ら先人に習うように学び取り、身に修めていくものだと諭した。また「理を問うて蹟を知り、蹟を蹟として聖に学び、亢（たかし）といえどもよく昇るときは近きに至り、よく近くに至るときは其の処（ことわり）に至らむ。是れ学問の揔なり。」とある。先人の聖の足跡に学んで、その崇高さに近づく努力をする時にはその心に近づくことができ、また近づけば真理を覚ることができる。学問とはそうしたものである、と説いた。（御語本紀）

・同じく「君子の慙じるところに二つ在り。学ばざると、学んで至らざるとの是なり。問して学ばずのときは問いに非ず。学んで至れざるときは学ぶに非ず。是れ先聖を敗ることとならむ。」とある。恥なければならないことは二つある。学ばないことと、学んで至らないことの二つだ。問いに答えを得てもそれを身に修めようとしない者は問うたことにはならない。つまり学ぶ気がないということである。また学んでも理解せず向上しない者は、それはそもそも学んでいるとはいえないのだ。これらの態度は先つ聖の尊い道を汚すものである。

典籍に偏りがちなことを戒めて、「古の学は、賢を賢として賢に得（さと）り、聖に学んで聖を得り、これ其の学ぶ所は其の人の仁（おもいやり）と、其の事の義（ただしさ）に在て、未だ其の人の言と其の事の理とに在らざる所以なり。」と説き、経典の言葉の深い意味を知るには学ぶ者自らが同じ仁と義を得ていなければわからないと諭している。文字のみでなく行いが大事だと。

跡を捐て　捐ては孝悌を忘れる者を指す。太子曰く「学は是れ、行いなるのみ。強いて分ちて之れを審らかにするときは学は是れ心の性情を含み、行いは是れ忠（ただしくかたよらず）、孝悌を含む。其の学ぶものこれ、賢聖の心の聖明たるに対し、射者の的に向かい、書者の跡に向かうが如し、以て其の極みの中に欽（つっし）み、其の毫末に欽しんで己の其れに異うこと其れに弛（はず）るを直し、性の徳を円にして裏に位し、情の節に中り、表に位するに於いて並に其の人を以てす。若し其の人を失うときは精微の中と辺とを誰か以て之を定めむや。其れ、之を行う者はすべて、賢聖の忠の公に貞しきに対し、楽者の弦に向かうが如く、数者の算に向かうが如く、以て其の値触に慎み、其の次序に慎みて、己の其の精、其の実を致し、孝（おやおも）うて親を愛しみ敬うに位し、悌の長（うえ）に順（したが）って誠に位しました、其の人在るに、其の人と離れるときは精微の直と偽と誰か以て之を定めむ」聖人の学問を理解するには聖人の心を汲み取り、親孝行な子どもが親を敬い大切にする、また年長者に順うように慎んで、その教えを行えということ。

・鏡の理「是の心は百道を発すものなる故に学の根（もと）なり。其の間に昧邪有らむ。以て賢聖ならざるときは昧きを認めて明と為し、邪を認めて正と為す。忠は百行を発す故に、行の根たり。其の間に偏僻、賢聖に離れるときは偏りを認めて中を為し、僻（ひがみのかたより）を認めて宜しと為し、心を賢聖に学び、忠は賢聖に行う。人倫の道は総てここにあり。」（御語本紀）鏡は己の心を格すものとして宛てた。

・太子は儒の心得を、船瀬足尼、学哿博士、推古天皇、田村皇子、物部守屋の児雄君（たけきみ）、鞍部鳥臣などに諭したことが大成経六十三巻にみえる。儒は人倫にあり、又、格物到知にその拠を求めよと諭し、知を深めることでも神の道へ導かれた。

第六条（竹の官道）

六に曰く、儒の由為也《みちたるや》、身を修むるのみ。

上古は易歴、遁甲の修め有り、中古には本草、内経に有って修め、下古は詩書、礼楽有て修め、道徳無為にして三墳（註　潮音本は三古）に度《すく》わる。頃《このごろ》の儒は三皇を捐《す》て、三子を執る。此の間に偏《へん》と我《が》有って、其の煉る所を失《しくじ》る。

仁者の眉を密《ひそめ》る所、智者の唾を吐く所、千歳に詩書、礼楽を遠ざけ棄てて、理を後儒の佞子に取って周、孔よりも崇めて道の廃れ制《おさえ》えず。

【訳】

儒学とは、人がいかに生きるべきかの道を学び、行い、身に修めることである。上古の時代の聖人は易や暦道、遁甲などの神仙術や占星術を行い、中古には動植物、鉱物などを用いた薬物学を究め書物にまとめた。そして下古は詩や音楽を作り礼を修めて心を養うことで世の中を治めた。この古き時代の三皇（伏羲、神農、黄帝）の功績が長く人々を救った。しかし、近頃は伝説の三皇の無為の真髄を排除し、もっぱら実在した三子（周公、孔子、孟子）にのみ学ぶようになった。これは偏った独りよがりの考えがあるからで、それでは儒学を究めきることはできない。

・**竹の理**　竹の節、空洞、常緑という特質に例えて、儒には歴史がありその道の究めかたと到達すべきところは何かを諭したものである。

・太子は、「悲しいものだ、博士や修行者とは。聖者の覚りとは何かを凡人には理解できないが、妬みや競争心から自分に執着し、聖者の考えを解釈したつもりで勝手なことを語る。そんなことでは聖者の教えを汚す行為にしかならない。またある修行者は孔子のことを低くみて学業が出来ただけの人だといい、またある者はその弟子たちが孔子のことを都合よく書いただけだといい、またある博士は釈迦を巣父（中国古代の三皇五帝時代の伝説の隠者、孤高の聖人）の仲間といい、また別の博士は西方の聖人（老子のこと）は列子（中国の春秋戦国時代の道家、列御寇のこと）のたとえ話だと言う。なんと間違った考えをしていることか。わたしがこれより汝たちに教えよう。まず、孔子の述べていることは細かく詳しく偏りがない。列子はその時代に応じた処世を説いている。列子は覚った人である。その思慮と言葉は誠実で偽りはなく作り話などしない。また、百済の修行者たちは儒学を嫌い、人の道を疎かにしてひたすら覚りを得ようと座禅などの修行ばかりに打ち込む。単に孔子を無視しているのではない。釈迦の俗諦（経典にある理論など）にも背いている。俗諦を理解しないまま真諦（釈迦が到達した言葉を超越した領域）を覚り、その後で世間に学び俗諦を本当に理解すれば俗と真が同じであることがわかる。真は中道の覚りであるのに、釈迦の教えをわからず嫌っている。このような態度は愚か者の嫉妬やエゴイズムからくるもので、神のはたらきを知らないからである。聖人の心はそういうものとはちがい、老子は竺乾（古代のインド・中国）の古聖を誉め、孔子は西方の聖人を訪ねて語り合い、釈迦は孔子のことを述べたように、他を排除せず、

深く理解するのである。」と教えた。（御語本紀）

・「此の間に偏と我有って」に続く「其の煉る所を失る。（失其所煉）」の四文字は原本に無く加筆した。

第七条（冠の位道）

七に曰く、儒を学ぶ者は異国を貴び、異《あだしくに》の先王に帰《したが》うの故に吾国を卑しめ、吾が先皇を放《みうしな》う。是れ唯り異法を知って吾を知らざるに依るなり。異王《あだしくにのおう》、吾に讎《あだ》せば必ずや彼に党《くみすること》を詢《はから》む。故に学を為さば先ず吾が儒を学で吾が先皇を知れ。何を誤って自らを棄てて他に憑《よら》む。

【訳】

儒学を修めようとする者は、儒が生まれた国（古代中国）の伝説の王たちを敬うあまり、自国の古代王たちと、その歴史については知ろうとしない。これは他国の学問一法を学んだだけで、自分自身のことはわかっていないからである。偏った学び方をして他国に惹かれているようでは、自国を棄て顧みず、異国の者たちと同調していずれは国を裏切ることになるだろう。故に儒を修めるには、まずわが国古来の道にすでに儒があることをわきまえて、宗源、斉元、霊宗の三才を踏まえ、古来よりの天の法則を学ばねばならない。学問の道を踏み外し、自分の生まれた国柄を理解せずして卑下し、他所を羨み、そこに寄りかかろうとしてはいけない。

・**冠の理**　物事の始め、首（はじめ）を表す。ここでは学問の初めにおいて何をまず押さえておかねばならないかを諭している。儒を修める時は、儒一法のみならず日本古来の道の三才を先ず知っておくべきということ。

・**田村皇子**（後の舒明天皇）が太子に「もし神の道が無かったなら何に学ぶべきだろうか」と問うたのに対して次のように答えられた。「汝は天に北斗七辰、日月七星が有るのが見えないのか。昼夜に人々はこれを眺めている。これは、吾が神ではないのか。北斗七星が南北西南に転じていくのが見えない夜はない。これまた吾が神の道ではないのか。だが、天の法則は幽玄であり、人は天に対して誠実でなければそれを読み取ることはできない。だが、わが先皇はそれを為し、天のはたらきを記録し、それを暮らしに役立つように教えられた。それは人々の中に広まり、行いの中に定着し、聖人でなくとも空を見ればわかるようになったのだ。天皇の言葉はたった一つのことであっても、それは人々のための教えである。どうしてあたりまえをせずして他を望み、しなくてもいいことに手を出し、やらねばならないことを後回しにしているのか」と。

・**先皇を知れ** 天皇には「私」は無いので、先皇の行い、教えはそのまま天の法則、道であり、ゆえにそれを覚るべきという意味。

第八条（契の信道）

八に曰く、大学を講ずるに主上《おおきみ》に非ざれば天下を平《おさむること》を唱うる莫《なか》れ。宰職《つかさづとめ》に非ざれば国を治むること説かざれ。恐らくは庶民をして州邦《くにのとち》を望ましめ、造士《みやつこざむらい》をして天下を望ましめ、齊元を破り、宝祚《たかみくら》を危うくせむ。吾国の法《のり》は、恣《ほしいまま》を無《な》し、邪《よこしま》を無《な》す。其の望みを促すの誨《おしえ》は悉《ことごと》く停止せよ。

【訳】

経典「大学」を教えるにあたって、君主ではない立場の者が天下国家をいかに治めるかを論じてはならない。大臣や公卿ではない者が国の治め方を説いてはならない。なぜならば、了見違いをして、庶民ならばその郷里の土地を手に入れ我がものとすることを望み、国士ならば中央へ攻め天下を取ろうとし、わが国の斉元道を破り、天皇の日嗣の位を奪おうとするだろう。吾国の法は、そのような身勝手な欲を無くし、邪道を無くするものである。よってそのような考え違いを思わせるような教えはすべてやめよ。

・契の理　契は誓いを表す。「上古は縄文を以て誓いの文」としたが後世は「契書」と替わった。契の音であるケイは経に通じ経典のうち特に大学について戒めた。

・大学　元は中庸と共に「礼記」の中に収められていた一篇。やがて論語、孟子、中庸、大学を四書として重要視された。

・教育の綱目には、格物（事実を究めること）、到知（知を究めること）、誠意、正心、修身、斉家、治国、平天下があるが、基本は明徳を説き、人々に理解させて善を勧め、そこに止まるという道を儒教によって広めることに意義をおいた。

・太子は学問の自由を認めながらも、人の道を修めることを主眼とすべきとの考えから、「大学」の講義が人の道を逸脱しないように戒められた。知識を得て道を誤ることへの戒めである。「経史を学ぶにこれ極あり。ただ徳をたずねて知をたずねざれ」（御語本紀）

第九条（龍の謙道）

九に曰く、儒生は、湯、武を以て聖と為し師と為すは、異國にては理を尊ぶ故に咎《とが》無くも、吾国に臨んでは、また齊元《さいげん》の罪人なり。齊元は法《のり》を尊び之の若き理を立てざれ。宝祚を危うくし、当《まさ》に天を亡《なく》すを以てなり。

【訳】

儒士が、湯や武を聖人と崇めて師と思うのは中国では通用し咎められないが、わが国においては湯や武は斉元道に外れた反逆の罪人となる。斉元の法を尊び、儒のこのような理をとってはならない。それは日嗣の位を危うくし、神の道から外れ、国を亡ぼすものだからである。

・湯と武　古代中国の殷の元祖。契の子孫で湯は姓、夏の桀王を無道の君主として撃ち商の国を建てた。そして二十八代目に武が滅ぼした。武は文王の子、周の祖。いずれも聖人とされる。儒学の歴史の中でこの二傑を師と仰ぐのはその地ならではのことにすぎず、人の世の理である。よって斉元道のわが国には通用しないという戒め。

第十条（花の事道）

十に曰く、異端を撃つことは、孔子於り言有り。孟子に於いて名の有るは是れ、聖道に於いて害有ればなり。楊、墨、荀、告、其の人は也《これ》、未だ曽《かつ》て黄老、西方に及ばず。今の凡儒は恣《ほしいまま》に逸れて、必ず黄老仏神に及ぶこと孟子に足らざること無く、外に眞《かんつひじり》、至《なかつひじり》、仏、神までも撃つに即《よ》って聖を破り、政を破る。その罪は反逆よりも甚だしからむ。

【訳】

自分の信念とは異なる邪道を責め批判したのは孔子が始めである。孟子も同じようにして独自の道を立て、名を成した。道の誤りを指摘し正すべく批判することは聖の道を究めようとするためである。彼は楊、墨、荀、告といった先人の思想について黄帝や老子、釈迦には及ぶべくもないが否定はせず、むしろその長所を学びとった。しかし近頃の平凡な儒家たちは自分の考えを主張するばかりで他を責め、孟子と比べ聖人の遺徳を顧みず神仏までも非難し、道から外れて、政の基を揺るがす。その罪は反逆より悪いものである。

・**揚墨**　楊朱と墨子のこと、中国戦国時代の人。老子の無為独善の思惟観を採り入れ無我放縦の快楽主義として知られた。墨子は春秋時代の魯の人。恣意の罪悪を主張し兼愛（平等に愛すること）功利（幸福と利益）の説を唱えた。いずれも儒家ではないが同等の思想家として名を成した。

・**荀告**　荀子（荀子）は中国戦国時代（孝霊天皇の時代）の人。趙の儒家。告子は孟子の性善説に反論し中庸の説を採った人（告子章句）。

・太子は「学問に内と外と有り。その内は先聖（孔子）の心と道気とその徳とに学ぶをいい、その外は先聖の行いと正跡の善に学ぶをいう。」と別に述べ、聖を立て私心を入れない政の原則を説かれ、自我への執着は公を盗む反逆より罪が重いと戒められたもの。

第十一条（日の主道）

十一に曰く、孔子は怪力乱神を語らず。其の欲《おもわらるる》所は常道の治倫に在り。故に語らざるは是れ異儒のみ。吾国は彼方《かのくに》と同じからず。怪は神の功用なり。説かざるときは神徳を無《なみ》せむ。神は吾国の徳體なり。説かざるときは齋元を無せむ。強いて此の句《ことば》に依るは吾国の罪人ならむ。

【訳】

孔子は論語に怪力乱神を語らずと教え、この世の不思議や不可解については述べていない。孔子は忠孝を始めとした人の生き方に主眼を置いた。これは、その国柄に合わせたものでもある。しかし我が国はかの国の儒とは異なり、怪は目に見えないはたらきが顕れたものをさし、この世に不思議や不測のことがあることを教えている。怪を不合理だと排除すれば神の徳もまた無いことになるからだ。神はわが国の徳の源である。それを説かないならばわが国の齊元道の根拠を無くすることになる。よってことさらに孔子のこの言葉を妄信するのは我が国では罪人となる。

・**怪**　奇怪の意味、不思議な、怪しいことをさす。孔子は教えとして「怪力乱神を語らず」と説いたが、一方で後の漢書に「怪は神の功用なり」「疾あるを不快という」ともある。孔子は忠恕に重きをおいて教えた。それはその国に最も必要な事を説くためで、あえて神を否定したと考えるのは行き過ぎである。孔子の方針に偏り、科学だけで説明できない感覚的なものを無いと独断し一方の良き現象のみ受け入れがちになる世間で怪を説かないならば、神徳を仰ぐ吾が道を否定することになると戒めたもの。また神道では怪しきと霊しきを分け、人の情念を要因とするものと神のはたらきとを区別した。

・**日の理**　太陽の烈徳、陽徳、温徳の三徳（日徳）の尊さ。わが国の天を尊ぶ思想の原点ともいえ、あらゆる生命を育み恵みをもたらすもの。齊元道はその恵みを天皇が体現し、人々の前に具現化するために政を実践する道をいう。すべての実践の元に神徳があり、人の徳につながることをわが国の儒士は教えよと諭している。

第十二条（車の司道）

十二に曰く、在《ます》が如くと謂うは、爰《ここ》に亡《ましまさぬ》を以て爰《ここ》に之れ在《まします》と為すの句《ことば》なり。是は、幽理（別本には幽精）、冥霊《めいれい》の紫に帰し、黄《よもつ》に帰するは祭国の方《みち》なり。吾国は、天孫神《あまくだりませしかみ》、地《くに》に生《あ》れませる祇《くにつかみ》と開闢《かいびゃく》このかた鎮《しずまり》座《ま》すは、幼児と雖も知らざることなし。頻《しき》りに説き施さば恐らく鎮座を疑わむか。齊元国に於いては講説することなかれ。

【訳】

神がおられるかのように、という言い方は実際にはおられないがいるようなという比喩の言葉である。姿無き神が天に帰り、また黄泉へ戻るというのはその国の祭り方である。わが国は、天つ神、地つ神が常に鎮まります国であることを幼子でも知っている。ただ、神在すが如くという表現を盛んに言っているうちに、神々の鎮座を疑い神の意味がわからなくなるだろう。齊元国のわが国ではこの表現をしてはならない。

・**鎮座**　儒学と神道の神の概念の違いが怪と鎮座にある。儒学では前条にあるように神を怪ととらえ「語らず」という。それは神は突如顕れたり消えたりする、突飛で非合理な考え方とするためである。一方わが国は神が常恒不偏に坐し、人にとっては内にも外にも神ありという「鎮座」と考える。この重要な違いをあいまいにせず、わが国に合わない考えは説いてはならないとした。

・**紫と黄**　紫は天をいう。紫冥はおおぞら、紫微宮は天帝の居所、皇居の正殿を紫宸殿、北斗七星を紫微ともいう。黄は天の反対で黄泉国。

第十三条（地の徳道）

十三に曰く、古儒の知《さとり》と為すことや。天に帝神《うえつかみましまし》有て変有り。地に后祇《きみつかみましまし》有て化有り。人に霊魂有って怪有るは、皆天有なり。

聖人は、天有を立てて人の常を治むる。故に、泰平を致して宗源に差《たが》わず。頃《このごろ》の儒は神奇仏妙を捐《す》て虚《なきもの》とす。有に如《したが》って有りと為す則は、人立ちて法に伏《したが》わむ。有るを劫《かす》めて無と為す則は法も廃《すた》れ、人も逸《わがまま》にならむ故に皇政を弱め神力を抜《のぞくもの》くものなり。是れ政を知らずして只に己《おのれ》を立つるなり。

【訳】

周公や孔子より前の古代中国の儒学の教えは、天の帝神（うえつかみ）から地上の后祇（きみつかみ）へ伝わり降り、人魂にその証が起きるものとした。そのため古代の聖人はみな天の計らいを尋ね、知り、人の世を治めた。その結果、世の中が治まったことは、わが国の宗源道の教えと同じである。しかしこの頃の儒者は神仏の霊妙なはたらきを無視している。本来有ることを認め、その通りに行えば世の中は成り立ち、法に従って生きるものだ。その自然の仕組みを無視するときは法は効き目を無くし、人は勝手きままになり、よって政治は行き届かなくなり神への敬いもなくなる。これはまつりごとの意味を理解しないで私情に偏って行うからである。

第十四条（天の公道）

十四に曰く、学を為す者は須《すべか》らく先儒に学んで後儒に依らざるべし。

先儒は鬼と成るに見《まみ》え（潮音本では鬼神）、黄泉を知ることは、古史、今紀《いまのふみ》に載せる所なり。故に人は伏《したが》って逸《きまま》ならず。吾が神《うちなるかみ》に背かず。然るに後儒は、鬼は空に帰し、泉は元水と会し、大《はなはだ》しく鬼魂を撥《のぞ》く。

嗟《ああ》唯り古史、上説を破り、天有の大理を破り、人世の極事を破り、神実を破り、政の一を破る。是れ傍を排《しりぞ》けて政を顧みざるなり。

【訳】

儒学を修めるにはまず古き時代の儒を学ぶべきであり、新しい時代の後儒のみに偏ってはならない。昔の儒は目には見えない鬼神の存在を認め死後の世界を説いたことは古い書物にもある。そのため人は身勝手な振る舞いを慎むのであり、自分の内なる神に背かないよう良心に従う。だが後に現れた新しい解釈の後儒は鬼神の存在を否定してしまった。なんということか、古代の歴史や言い伝えを破り、天から伝わる根本の理（筋道）を破り、人の世の中の原則を破り、神を信じず、天政を否定するとは。これは後儒に偏るあまりに、政を顧みない軽率なことである。

・**吾が神**　内なる神とは「魂（あおみたま）、神（あけみたま）、魄（しろみたま）、精（くろみたま）、霊（きのみたま）」をさし、霊魂の五つのはたらきをさす。

・**天有の大理**　理の五つである縁、生、極、易、定の総称。

・**人世の極事**　五極は天、地、神、人、易を指し、六極は神、心、理、気、境、虚を指し、さらに易と中を加えて八極となる。わが国に伝わる天政の原理原則。

・**政の一**　まつりごとのはじめ、根本の意味。齊元国のわが国の始めは天政であり、人知で作った国ではないということ。従ってわが国古来の倫理観を否定する後儒の説を用いることを戒めたもの。

天神本紀には「天は五気を下し地を湿し、地は五形をなして天を調え、神は五道により人を立てる。人は五徳を備えて神を益し、故に天は地を以て寿とし、地は人を以て寿とし、精要地を造り、二神をして神地を生したまう」とある。

第十五条（水の時道）

十五に曰く、後儒は神を気の変霊に在りと謂う（註・潮音本は陰陽の靈と謂う）**。故に常の躬に鎮座《しずまります》と云うことなし。又、魂は陰陽の精のみと謂う。**（註・潮音本は魂の氣血の精なりと謂う）**。故に、死魂散滅と議め《さだ》思う**（議り思うとも読まれている）**。是れ人間の理を量《はか》りにして、神仙の見知に非ず**（註・潮音本は神仏仙の知に非ず）**。**

鎮座を罔《なみ》する則は、三輪、五瀬の立つ所を知《さと》らざらむ。魂の散滅するときは菟狭《うさ》、芳野《よしの》、云《ここ》に何ぞ立たむ。然らば即ち、神《あまつかみ》に誓い、祇《くにつかみ》に服《まつろうこと》は、並《とも》に立たざらむ。政も其の堅きを失わむ。

【訳】

後儒では神を陰陽の気が変移していく現象だと考える。よって常に変わりなく鎮まり坐す神を認めない。また魂とは陰陽のはたらきと考え、人魂は死後には消滅するという。これは人の想像であり、神仙の知恵ではない。神が鎮座するという考えを否定すればわが国の三輪（大神大社）や五瀬（伊勢神宮）に祭られた神の意味を理解することはできない。魂が空気中に散り消えていくとすれば、菟狭や芳野も意味がなくなる。すなわち天つ神に誓い祇を奉る意味もなくなる。結果として政の基盤が失われることになる。

・変霊　世の中に移ろう気を陰陽に分けて考える後儒の概念。その変化の現象を神とした。後儒は人知に偏り、古代の儒にあった天の概念を顧みないので人を中心とした世俗の合理主義に偏り、神を不在とする誤りだと指摘し戒めたもの。

・芳野、菟狭　神職憲法第十四条を参照。

第十六条（籠の品道）

十六に曰く、孔子は西方の聖人を称《ほめ》り、老子を龍なるかと美《ほめ》り。然るに儒を学んで《まなんで》以《とも》に非《そしる》を務めと為し、或いは寓言と謂う。

孔子は聖人なり。列子は真徒なり。何ぞ 饕《みだり》に 娩《へつら》いて 詐《いつわら》むや。老子は古儒にして沖莫《ちゅうばく》の聖《ひじり》なり。無為にして道を説《おしえ》り。釈仏は天に服《したが》い、神に伏うことを尊《とうと》べり。人間の測《はか》りに下らず。誹《そしり》は是れ諍《いさか》いの本なり。諍いは即ち騒《さわ》ぎの根なり。

【訳】

孔子は西方の聖人釈迦を賞め、また老子を訪ね、龍の如く雲を呼び天に上れる如しと敬った。しかしながら儒学の知識を得ても、先人を批判するのを学問と思い違いし、古儒の教えを作り話だという者がいる。だが孔子は聖人である。列子はまことの道家である。どうして道理を欠き周囲に追従し偽りを言ったりするのか。老子は古儒であり沖莫の真人である。無為を説き導いた。釈迦は天を覚り、神を尊び、世俗の価値観を超越した。それを学ばずして批判するのは諍いの原因となり、諍いは争乱を起こす元となる。

・**龍の理**　人それぞれに品位があり、その長所に学び称賛することの大切さを説く。

・**老子**　孔子より半世紀前の人。古儒であり、道家の祖として知られる。姓は李、名は耳、字は耽、楚国に生まれた。「無為は天道」の説は、神道では天思兼命の霊宗無為の思想に通じる。

・列子　秦の時代、孔孟の中間くらいに活動した。老荘の哲人。

第十七条（鼎の法道）

十七に曰く、神学は竪《たて》に三部有りて（註・霊宗、宗源、齊元）、三元（註・天、地、人）を総べ、横に五鎮（註・神、心、理、気、境）有って、六合（註・東西南北と天、地）を摂《とり》て、汝の始めを明《あか》し、汝の今を治むるなり。

仏学は竪に三学（註・戒《かい》、定《じょう》、慧《え》）有って五乗（人乗、天乗、声聞乗、縁覚乗、菩薩乗）を導き、横に三諦（註・空、仮、中）有て萬法を束ね汝の終を教え、汝の今に応ぜむ。

儒学は竪に五倫（註・君臣、親子、夫婦、長幼、盟友）有って人の世を立て、横に五常（註・仁智義礼信）有って人の道を修《おこな》い、神仏の始終に背《そむ》かず、共に理の絶極にして挑み絶つべきものに非ず。

【訳】

神道神学は三部によって三元を縦に総べ、横に五鎮が広がり四方天地を包む神のはたらきを説いたものである。これによって人の始まりと生きる意味を教える。仏教は三学を核に修め五乗の覚りを説き、三諦によって存在の意味を説き、人の死後を教えるものである。儒学は五倫と五常を教え、人の道と人間社会の決め事を説くものである。儒士は神仏が教える始めと終わりの理に背かず、この二法が理を極め尽くしていることを弁え、非難し競ってはならない。

・神、仏、儒の三法それぞれの理を説き戒めた。また太子は、「経史の大いなるかな、学を遣わして道に導くなり。人は以て学ばずんばあらじ。これ天を学（まね）ざるときは天を知らず、地に学（ならわ）ざるときは地を知らず、人に学ばざるときは人を知らず、事を学ばざるときは事を知らず。我は是れ天命の理に降り地の養気に出でて、人倫の法に生まれ万事の業に存す。なんぞ天地人を知らざらむや。これ、我をして人為らしむるや、その学たるや、事を学んで身を佐（たす）け、人に学んで身を立て、地に学で身を養い、天に学んで身に修うの是なり。此、天地人は、事理は一にして法は万（もろもろ）なるも一を知って万に通じ一に帰するなり。」（御語本紀）と説いた。

古い典籍の素晴らしいことは、人に学問を授け道へと誘い導いてくれることである。人はこれに学ばねばならない。天地人を学ばずしてそれを知ることはできず、行わずして事を知ることはない。天の理は降って地に満ち、人の道となり、あらゆる現象に存在する。天地人を学び知ってこそ、人として生まれた意味がわかり人として全うできるのである。人は世の中で経験を積んで学び、人に教えられ地に育てられ、天から理を学びとりわが身を成長させていくのだ。天地人を学ぶことはあらゆる事と理に通じ、すべての根本を覚ることにつながるのである。

自分の信じる道ではないからと他を排斥するのではなく、心を開き学問そのものの意味を理解して競うことをやめよと諭した。

儒士憲法　終

神職憲法

第一条（琴の和道）

一に曰く、神道は三才《さんさい》の本にして萬法の根なり。宗源は天地を成《しあ》げ、齊元は日祚《ひのくらい》を立て、霊宗は心性を明かにし、三部は道を一にし、施を異にし、之を以て体と為せ。

大社は天下を衛《まも》り、国社は国家を護《まも》り、県社は群民を守る。三社は風雨を領し、禍福を掌《つかさど》り之を以て用《はたら》きとなす。体と用は其の治《つかさどるところ》を一にして、吾国の基を為す。祭るに礼を以てし祈るに理を以てし、事《つと》むるに信《まこと》を以てするときは、神と我は一《ひとつとなって》和らぎ、道は茲に在り。

【訳】

神道とは三つの才（はたらき）で成り立ち、あらゆる法に通じる基本である。三才のうち宗源は天地の有形無形の源であり、齊元はその理と心を顕す日嗣の位を立て、霊宗は天の心を明らかにし天地と人を束ねる法を伝える。この三才三部によって一つの道と成り、神道の社はそれぞれ施しの役目を担って、神道の信を表さねばならない。

大社は世の中を総じて護るために在り、国社は国家を護り、県社はその地の人々を護るものである。風雨を静め自然の恵みと、災いなきことと、人々の幸いを神に祈るためにあり、それは三才三部の神の心を戴きて行うもので、吾が国の基本を為すものである。ゆえに神職は神を祭るには礼を以て行い、祈るときには神の理にしたがい、信をもって務めるとき、神の正直と人の信は一つとなり和らいでこの神の道となる。

・宗源（ソウゲン、かんつもと）　天物梁命の相伝。虚存の実在である天と現実の地とを繋ぐ神のはたらきを伝える道。宗は無形実存の神徳のでどころ、源は水涌く泉で生命の始めを意味する。神道の理極。

・齊元（サイゲン、かんついみ）　天太玉命の相伝。神の普遍的な尊さと私無き正しさに学んで諸欲を断じて日位に止まることを伝える。日は無私、公平なはたらき、これを皇道の原則とし事極とする。齊は神と等しいの字、また汚れから離れる清さをいう。元は無形なものの元、神人一如で日の徳を汚さないこと。

齊元にしたがうは父子の実（まこと）にして子は父徳（おや）の徳を失わず、また君臣の実にして臣は君徳を失わずとする。齊元の道は日嗣のみならず全ての国、人々が歩むべき道で、誠実に生きる事を意味する。

・霊宗（レイソウ、かんつむね）天思兼命の相伝。霊はあやしきと読むが儒者の怪しきノリと異なり、真心をもって諸々の妄念を無くし諸欲を無くし誠信のままに生きる道で、霊宗は宗源と齊元の両方に含み三才三部を通じ束ねる法である。

・領　古語でうしは・く、意味はおさめる。「風雨を領し」は天候は神の理の顕れであることから神社は風雨が荒れるときは神にお伺いを立て祈祷すること。

第二条（斗の順道）

二に曰く、神は正直を以て体と為し、霊験を以て用きと為し、天を御《しろしめ》し、地を鎮《まも》ります故に、神職は己の正直真善の性を認得して敢えて放遣せざれ。

神の妙怪、霊験の徳を信崇し、更に馴れ慢《あなど》らず、神我の一に住《とどま》りて事を奉《うけたま》はり拝陪《ぬかづきはんべ》れ。

【訳】

神の本質は正直に通じ、霊験として顕れ、天を治め地を鎮るものである。ゆえに、仕える身の神職は、己の正直さと真心と善なる心を自覚し、絶対にそれを失ってはならない。霊妙なる神の徳を信じ崇め、それに馴れ油断することなく、神の心を我が心として拝み奉らねばならない。

・神の正直　善をなせば富み幸いにして長生きし、悪をなすときは禍となる事。

・正直真善　この世に生まれ出た時は神と同じ正直で善にまっすぐという性質。

第三条（月の礼道）

三に曰く、幣《ぬさ》を奉《たてまつ》るの法《やりかた》は、慎み敬いに止り、日心《あまつこころ》を神極《かんつむね》に安《お》き、重手《かさねで》に玉串を取り、以て斜めにして心《むね》に中《あ》て、左足に陽天を践み、右の足に陰天を践み、廣前《ひろまえ》に渡り、静々然とし、厳々《げんげん》如として内門に陪《はべ》り、敬しく蹲踞《うずくま》れ。

自己は神の霊躬《みからだ》、宝幣《みてぐら》は神の表識《みたましろ》、祝詞は神の身理《みことわり》、正殿は天《かみ》の徳宮、神明は天の法生《のりのいきづき》、五法は正《まさごと》を一にし、之を奉るに礼を以てせよ。

【訳】

幣を奉る作法は、慎み敬いて、神の心を我が信とし、玉串を重ね手で丁寧に持ち、斜めにして胸に宛て置き左足から一歩を踏み出し神前に進み、静々と厳かに内門へと入り恭しくうずくまれ。

我が身を神体とし、神の御心をみてぐらに、祝詞は神のことわりを宣べ、正殿は神鎮まります神床、神明に五つの供物を捧げる、これにはべり奉るに、礼をもって行わねばならない。

・幣　ぬさ、タカラ、キヌ、ゼニと訓み、日本語の古語に宛ててニギテ、ミテグラ、ヌサと読む。願いごとの代わりに捧げる貴重な価を意味する。命の次に貴いものであり、また主に捧げるものとも訓める。ネギフサの約語。神儀用。

・日心　あまつまごころ。美しい心、明るい心の形容で信を意味し、真心のこと。

・廣前　大前に同じ。神前、または天皇の御前。

第四条（台の政道）

四に曰く、神に事《つか》うるの道は誠信に止って神境を測らざれ。之を測ることや、聖人にして尚能わず。況んや凡夫《ただびと》をや。故に愚の如く、誠信に止まるべし。妄《みだ》りに測らば神意に稱《かな》わざらむ。

【訳】

神に仕えるには揺るがぬ誠信を持ち、疑いを挟む余地なく真っ直ぐな気持ちで行いなさい。神を証明することは聖人にすら出来ないのに凡人に出来ようはずがない。だからひたすらまじめに愚か者のように信をもって誠実にあることが大事で、思いつきで神を証立てしようとするのはかえって神の心に反することになる。

・神を信じるとは、ひたすらの信以外にはなく、それしか神人一如はあり得ない事を諭すもの。知識で得られるものではないことを心せよということ。

第五条（鏡の智道）

五に曰く、社《やしろ》の行《ふるま》いの法は恭敬に止《とどま》れ。神は是れ真明の境なり。之に由て社事の百箇《すべて》は皆く霊事《あやしきこと》なり。等閑《なおざり》の仕方のことに焉ぞ之を能くせむ。故に崇《あが》め尊《とうと》び致《きわ》め、敬い恭《うやうやしく》し格《ただ》せよ。

【訳】

社にてのふるまいは慎み敬いをもって行わねばならない。神はすべての物事の真実を明かにされるものである。細かな決め事に従って古来のしきたり通りに行われる霊しき事である。なおざりに行って務まるものではない。ゆえに崇め尊び、己をただして行わねばならない。

・神社を営むには天孫降臨以来の古来の規則に従い、正しき伝統の礼を守り、神性を損なうことのないようにとの戒め。卜部、忌部、吾道の各家に伝わる規則。

第六条（竹の官道）

六に曰く、齋《ものいみ》の方制《ただしきのり》は、五の齋を調《ととの》えることに在れよ。

いわゆる、五齋とは火、食、行、水、則の是なり。火は生、死、血と獣と食を同じくせず。毛畜、臭菜を食わず。行は、婬血《いんけつ》、産尸《さんし》に触れず。水とは厳しく、齋を連《つづ》け、流沐《りゅうもく》を行うなり。則は重《きびし》く、祓除、祝言を修《おこな》うなり。職者《つかさびと》は、常に行い、詣者《もうでびと》は限て行い、忽《おろそ》かにするときは神を誑《たぶらかすこと》にして身を亡ぼさむ。

【訳】

齋は正式なやり方に則って五つの齋を守って行わねばならない。いわゆる五齋とは火と食と行と水と則である。死は生にとって血の汚れとなるので屠殺した肉を食べることを忌み、その肉を焼く火を持ち込むことを忌み、また家畜の肉や山野の薬草など恩ある自然の恵みは食べてはならないとする。生き人の血、また死者の穢れに触れるのを忌む。水によって浄めるときは、激しい流水の沐浴を行うものとする。則は厳かに宣べ、祓いや祝言を執り行う。神職者は常に行い、外来の者はその限りに行うが、忽せに行えば神を侮り詐るものとして身を滅ぼすこととなる。

第七条（冠の位道）

七に曰く、祭供の由る所、常の者は神恩を謝し、別は災禍を祓う。故に祭る則はむかしに若《したが》い、略して残《あましもの》を用いざれ。供《そな》えの儀は法に如《したが》って悋惜《ものおしみ》の供《そなえ》を以てせず、法に如《したが》って倹約を加えず、余りものは普く配るに党《ともがら》を不別《わけへだてせず》。供の具《かざりもの》は、河於《よ》り流すには、皆で之を行え。喜悦と軟和を以てし、瞋《いかり》恨みごと、荒しき威《おど》しなどせざれ。是れ神を祭るなり。

【訳】

神を祀るのは、常々の恵みとご恩に感謝することと、災いを祓うことにある。だから祀るときは神代の昔からの方法にしたがって行い、手間を省き供え物を使い回しするようなことをしてはならない。損得や物惜しみしながら行ってはならず、その都度、正しいやり方にそって新しい供物を用いて行わねばならない。終わった後には供物のお下がりを皆に公平に分けて配り、飾り物などを河に流すときには参拝した人皆で行いなさい。喜び和やかに行い、怒りや恨み言を慎んで、乱暴や無礼をしてはならない。これが神を祀るときのやり方である。

・祭祀の由来は、天照大神が素戔嗚尊の勝手なふるまいに対して、「汝はなおきたなき心がある。高慢で勝手なふるまいをしている。吾は汝と会おうとは思わない」として天岩戸に籠もられ、世の中が暗黒になってしまった時、再び天照大神に出でていただくために天思兼命が八百万神たちに祈祷の方法を教えたことに始まる。

・「時に天照大神、瑞新殿（みずのみあらか）に遷座（うつしまし）てふたたび、高天原を知ろしめすに、八百万の神のことごとくが天位の楽しみに復（もど）れり。是れ人をして祭り、国人の穢れを祓い、旧悪（悪習）を改め、新（もと）の善に復り自ずからの覚りを得て、聖き知心（ひかりのあきつこころ）を受ける其の法の元なり。」（神事本紀）

・供の儀は法にしたがえ　忌部祖神の天太玉命が忌齋（いみいつき）の則を調え、三種の宝を捧げ持たせて、祝詞をもうし奉るというのが元となっている。

第八条（契の信道）

八に曰く、神事を説くことは文に如《したが》い、事を演《のぶ》るに、義解を以てせざれ。神代は正直なり。時に史を造るも文に義を含むことを為さず、後生は異典に効《なら》うを以て義解を発し、理解は神文をして異文と成し、寓説、造言は免れざらむ。

【訳】

わが国の神事は古来伝わる神教えの文にしたがって行わねばならない。神との契約通りに行い、別な意味を持たせて変えてはならない。異国のやり方を真似て、神文を寓話として解釈して新たに作り直してはならない。

・契の理　契は書契の意味。我が国の神書経典すなわち経史の元本に対しての心得を戒めたもの。政では古代の結縄から書契に代えられ、神事も同じである。儒教など他教の影響で神事の解釈が変えられることがないようにという戒め。

第九条（龍の謙道）

九に曰く、神行は信《まこと》を先にし、理を次にせよ。理は也《これ》、賢に非らざれば徹らず。聖に非らざれば尽《つ》くせず。徹らざる則《とき》は差《ちが》えて知《さと》り、尽くせざるときは邪《よこしま》に悟り、還って神を無《なみ》し、たちまち咎に当らむ。信を堅め、宗を堅め、実に依て理を明《きわ》めば達せずと雖も過《あやま》ち無からむ。

【訳】

神に仕えるには、まず信を堅くし、意味とことわりは次にせねばならない。意味は賢くなければ理解するのは難しく、聖人にしか本当に覚ることはできないのだ。未だ理解しきれていないときには、思い違いをし間違った考えで道を外して神に背くことになる。だから信を堅め、その実を続け極めていくことで理解は深まっていくのである。たとえ覚りに至らずとも信があれば間違いを犯すことはない。

・神事　仕える者がまず優先すべきは心であり、理屈を覚えることではないという戒め。また謙虚に励むことが神の道を極めることにつながると諭したもの。

・神行　行は伉で、足をなおして進むこと。つよく、ただしく、ともにという意味。そういう姿勢で神事を務めよということ。

第十条（花の事道）

十に曰く、本蹟縁起《ほんぜきえんぎ》の齋《ものいみ》は、社祠《しゃし》に依て異にせよ。また陰屋《かげいみ》、出郷《まかでいみ》は限《さだめ》に屈《したが》い還《もど》り入らざれ。自詣《あれもうで》、他詣《よそもうで》にても理《りくつ》を用いて赦し納れることなさざれ。忌齋は厳しきを秘《まも》るを以て神は鎮《まも》り、社も立たむ。職者は倦《う》み泥《なじ》みて忽《ゆるが》せに為すときは神は去り社も廃《すた》れるのみ。

【訳】

齋を行うには、祭る神の縁起によりそれぞれの神社の方法で行うものとする。また陰屋や出郷を行っている途中に中断したり出入りしたりしてはならない。内で行うときも出かけて他所で行うときも理由をつけて気ままにやってはならない。齋忌は厳格に決まり通りに行うことで神のご加護を得られ、神社も無事である。神官が仕事に馴れ、怠けて勝手をすれば神は去り、神社は廃れることとなる。

・**本跡**　本地、垂跡（迹）の略語。もとの地に神として現れたという意味をさす。これは桓武天皇（七八二年以降）の時代から使われた言葉としてこの憲法の文に疑義を持つ説があるが古語、古伝にあることを知らない為の誤解である。仏教以前より古来わが国の神事の祭祀行事のなかにある。

・**陰屋**　かげいみ、家に籠もってものいみすること。また出郷はまかでいみ、他に行ってものいみすること、場に臨んで行う前夜のおこもりなど。

第十一条（日の主道）

十一に曰く、大社は勅使を以てし、国社は国司《みこともち》に命せ、県社《あがたしゃ》は国造《くにのみやつこ》に命じ、託姫《かみがかりひめ》に貞《ただ》し、宦、応えまつるとき毎年、神を降し、神の望みを聞《うけたまわ》り、望みに応《こた》え、鎮座に尋《もと》むべし。

或は怠り休むときは、神は睡《ねむ》り、久しくして利無く、尚久しうする則は天に帰り吾国を鎮《まも》らざらむ。

吾国は齋元国なり。神の天に帰り坐すときは宝祚は安からず。国威は隆まらず。異国の来り侵すに危《くるしま》む。

【訳】

毎年、大社は天皇の勅使によって、国社は国司、県社は国造によって、それぞれ主宰する神の祭儀を行い、神降ろしの儀式を行わねばならない。神懸かる姫が神の御望みを承って伝え、そのお言葉を預かり伝え、終われば神にまた鎮まり坐すよう願うものである。これを怠れば、神ははたらいてくださらず、人々のとって良きことはなくなる。さらに全くやらなければ神は去って天へ帰ってしまわれ、吾が国が鎮められることはなくなる。吾が国は齊元国である。神が天に帰ってしまわれれば天皇の治世は穏やかではなくなり国力は弱まり貧しくなる。そして異国から攻め来られ、国は侵され人は苦しむこととなる。

・日の理　主道として吾が国にとって最も大切な神事と意味を示したもの。

・大社　初めは神武帝四年、鳥見山に祭りの場を立て天神を祀った事による。この地を榛原（あわぎはら）の下、小野の榛原といい、皇祖神に感謝し祀った。四十二年、木斎国の熊野で熊部血伐狭田命（くまべのちきさだのみこと）が狩りで大熊に箭を放った。その箭を背負った熊を追うと三株の櫟があり、その根元に死んでいた。血伐狭田命が喜んで見ていると、木の上に月の輪があった。月の輪は天神の高皇産霊神（たかみむすびのかみ）で、教えられることあり、汝はこのことを都に至りて天皇にこの由を奏せ、という由来に始まっている。この知らせによって地神五代、天神七代の神々が各地に鎮座坐すことが明かとなった事から社を建てたとされる。

後世の延喜に制定された神社は古代から引き継がれたものと、格式に変化があるものとが混在している。元々の始まりの由縁が大事であり、神社は神が霊験として顕れ鎮り坐すことで建てられる。人が勝手に理由づけして神社を作り祭祀を行ったり、また止めたりしてはならないという戒め。

・吾が国の政道は元は神とともに内裏に居を同じくしていた天皇自ら、神祭りしてそれによってまつりごとをし、天下の事を定め治めていた。国力が高まるにつれ各地の神社での祭りに変わり、神事とまつりごとを分け、天皇に代わってそれぞれの行うようになったが、原則は同じであることを戒めたもの。

・崇神天皇六年に天照大神を豊鋤入姫に託して大和の笠縫の地に招魂した。その時に大国魂命を十市瓊姫に託し三諸山に招魂し、また翌七年には神夢によって大社、国社を定めたとされる。垂仁天皇二十六年、三輪大神が日本姫命の姉の大中姫媛命に神懸かって更に各神社について留意されるようになり、具体的な奉仕が定められた。「其の政はすべて天皇にあり。時に大神にあり。昔は五瀬

（皇太神）、三輪がこれを為したまうも、今は菟狭大神（宇佐神宮）が伊勢に代わる」など。

第十二条（車の司道）

十二に曰く、宗廟《そうびょう》は大連、これに事《つか》え、大社は大徳、小徳、大仁、小仁。国社は大仁、小仁、大義、小義。大神、大祠には階無きの神官は之に事えざれ。階無くして之に事えるは是れ神を軽ずるなり。国の災い必ず起て社稷《しゃしょく》も穏かならざむ。

【訳】

宗廟には大連が仕え、大社には大徳、小徳、大仁、小仁の官位の者、国社は大仁、小仁、大義、小義の者がそれぞれ仕えるものとする。大神、大祠には冠位無き神官は仕えてはならない。これを破るときは神を軽んじることとなる。国の災いが必ず起き、神社の威光も失われ平穏は失われることとなる。

・宗廟　ここでは伊勢神宮を指す。「有徳の皇女が常に事え、また第一の臣である物部大連が主な祭の時に祀りをし、天皇と大連と齋を調えて大殿に出で坐して、日々方に面して祭場に在り、大臣は天皇とともに祭を調え、天皇に代って幣を奉るらしめたまう。大臣は殿上にうずくまって敬い詔の就（なる）をまつ。云々。」（礼綱本紀）

・**大連**　垂仁天皇の御代に初めて大臣となり奉仕し、次いで物部の姓を賜りて改めて大連となり神宮を齋奉ったのが大連の号の始め。それ以前は足尼、宿祢の職名で大神に奉仕した。（皇孫本紀）

・**大臣と大連**　「大臣はこれ天皇の長者なり。皇政にある時は大連の上となる。政の皇慮に出るときは大臣は天皇の左に在って、大連は右なり。政の神慮に出るときは大連は天皇の左に在って、大臣を右とす。」（礼綱本紀）

・**冠位**　推古十一年十二月　朝廷に事える役職の位を定めたもの。徳、仁、義、礼、知、信の六階を大小に分け、合わせて十二階とした。

第十三条（地の徳道）

十三に曰く、神明は己《わたくし》無き天の君子なり。神職は当に之に則《のっと》るべし。然るに神宦、ややもすれば仏典の興起を嫉み、儒文の弘行を排《はい》す。仏は大覚を勧《すす》め、儒は人倫を治むるものにして汝の宗源を妨《さまた》げず。また齋元を遮《さえぎ》らず、自《おのずか》ら時有って来《きた》り、得て防護すべからず。寧ろ他の隆なるを妬むより、己を興すことを隆《たか》めよ。興すは勤修に在り、隆むるは学習に在り。排す時は共に廃れ、学ぶ則は共に立たむ。

【訳】

神は私が無く、天（たかあまはら）の君子である。神職者はこれを見習わねばならない。にもかかわらず神官が仏教が流行ることを妬み、儒学が広がることを邪魔しようとする。仏教は人の仏性を説き、また儒学は人の道を教えるものなので、神道の宗源に通じる教えであり邪魔になるものではない。また、齊元をも妨げない。二法が入って盛んになっているのは機が熟したから当然の成り行きなので、あえてそれを止めようとするに及ばない。他の教えを妬むよりむしろ、神道をよく伝え盛んになるように務めなければならない。さらに神道を興隆させるには勤勉に神の道を修め、よく学ぶことである。他を排除しようとするときは共に廃れ、学ぶときは共に栄えるものだ。

・神明　人霊、人魂ではない神のはたらき。五鎮。
・神宦　この宦は宮仕えする者のうち、専門的な知識を必要とする役職に宛てる。
・仏の大覚　これに比して神道は神人一如がある。妬む私を無くし、己の内なる神に立ち戻り、神命の君子であれと諭している。

第十四条（天の公道）

十四に曰く、吾國は天尊齊元の国なり。神代すら尚、未だ人魂を祭て神明に混《まじ》えず。人の代も之に随《したが》え。皇、王、臣、連《むらじ》たち、先人を崇《あが》むと雖も神号を以てせざれ。陵廟を奠《まつ》ると雖も祭締を以てせざれ、之に依って芳野、菟狹の如く、已現の霊神に非らざれば、社祠を造り祭祀を致すことこと勿れ。

【訳】

わが国は天つ神の心を受け継ぎ国造りを為す齊元の国である。神代の昔ですらなお、未だかつて人魂を神と同じように祀ったことはないので、これに従い人を神として祀ることはしてはならない。天皇、王、臣、連たちなど昔の偉い人を敬うといえども、人であって神ではない者を死後に神名を贈って祀るようなことをしてはならない。大きな墓にて葬式をするにしてもそこで神祭りの儀で葬ってはならない。天皇が神霊として顕れた芳野、菟狭のような霊験がなければ、人を神として祀る祭祀をしてはならない。

・**齊元の国**　神と元を斉しくして穢れを忌み、清く濁らない日の道を実践する国を指す。そして道を嗣ぐ天皇は祭りを絶やさず神の信を実践する。齊元道は、齋部家（忌部、古代には穢れの清めを務めとする集団であった）によって守られてきた。また、その心を我が信として生きることを事信（ことしろ）といい齊元道という。

・**芳野**　奈良県吉野の金峯権現のことを指す。宣化天皇三年の八月に安閑天皇が金峯山に顕れ「今はこの山神と成り、吾はこれ権現神なり」と宣った縁起。後の欽明天皇元年九月二十三日に金峯山権現神と尊号を奉り祭祀を行った。

・**菟狭**　宇佐八幡のことを指す。欽明三十年三月十五日、大分県の根深目という者の幼い娘が神憑り、船史辰爾（ふねのふびとのしんに）に勅命し、内殿のように国の宗廟として再興されたことをいう。

・**祭締を以てせざれ**　推古朝三十二年、大伴連廉城（おおとものむらじかどき）が神祭りによって先祖の霊を崇めたいと陛下に上奏した際に天皇は「霊が顕れることも無く祭りをするのは古くから齊元によって禁ぜられ、近くは憲法に制定されていることである。汝の父は何人ぞ、吾が神霊に背き、吾が聖礼に背き、どこの国の法を以て、いずれの人の礼を用いるぞや。汝のごときが大臣とも任じられれば必ずや社稷を危うくなさむ。」と叱責されたと記されている。推古天皇はこの神職憲法を用いて廉城を裁かれた。（推古天皇紀）

第十五条（水の時道）

十五に曰く、天皇は、神明を崇《あが》めて神戸《かんべ》を置き、祭田を置き給うなり。然るに神田を斂《おさ》めて神を拝せず、以て朝せず、神事をせず、専ら食し、専ら費《つい》やす。名づけて盗巫《とうふ》と為す。神に事うることを停《やめ》めよ。

【訳】

天皇は神を崇められ、神社が滞りなく神事に務められるように俸禄として部民を定め置き田を与えられている。だが、神官の中に納米を集めるだけで、怠けて神を拝むことなく神事を務めず、もっぱら私腹を肥やす者がいる。これを盗人の巫という。これらは神に事えることを止めなければならない。

・神戸　律令制以前は朝廷の制度としてではなく天皇から神社へ直に捧げられた。

第十六条（籠の品道）

十六に曰く、神明は数《しばし》ば、釈法を社祠に修《おこなわん》ことを請う。其の災を除き威を増すに於いては宜しく神請いに随うべし。

釈氏の自意を以て修《おこな》い、神祇《かみがみ》をして成仏たらしめんと、以て浄土に送りまつる等の法に於いては永《とこし》えに制《きめ》て停《とど》め、僧を使《し》て修《おこな》うことを得せしむことなかれ。

【訳】

神はしばしば、仏典の経文を祭りに奏上することを請われる。災いを除く効力がある時には神の望まれるままに行ってもよい。しかし僧侶自身の意思で、神を頼み、あるいは神を成仏させ浄土へ送るとして経を唱えることは、この先永遠に禁じて行ってはならない。

・**神祇**　神は天津神（あまつかみ）、祇は地津神（くにつかみ）のことを指す。

・**釈法**　仏法の経典を唱えることをさす。除災の理由如何で神託によって経文を唱えさせるために僧侶を呼ぶ場合と、僧侶が神域で勝手に経文を使うことを分け、禁止せよという戒め。神仏それぞれの道の果たすべき役割を守り、本来の教えから逸脱しないように定めたもの。

・この法を無くしたことによって、後世の神仏習合思想は疑いを抱かれることなく浸透したともいえる。

第十七条（鼎の法道）

十七に曰く、仏典は西説の神道、儒文は番説の神道、太神の託宣なり。神代の上事は知るべきなり。共に物を委《くわし》くし、断《ことわり》を精《くわ》しくして神史の玄幽を述ぶるなり。兼ねて学ばずんばあるべからず。

【訳】

仏典はインドの神の道、儒文は中国の神の道とは天照大神の託宣である。神代の古き伝えは学ばねばならない。共に物事を詳しくし、その深い理を説き神の歴史の深く厳かなることを述べている。神儒仏三法ともに学ばねばならない。

・太子曰く、「差（ちがい）あることを知りて一つなるを覚らざるはこれ天を狭めむ。一つなるを知りて差を覚らざれば、この道を猥るものなり。人は天に比して道に能くするものなる故に、天は之を促し玉うも、禽獣は天に伏うによくするに足らざる故に之を促し玉わず。」動物は天に随って生きるだけだが、人は天に学びより良く生きるものである。それは国は違えども共通している。それぞれ同じところと違いを知って夫々尊重し合うべきである。

神職憲法　終

釈氏憲法

第一条（琴の和道）

一に曰く、道を求むるに、倫《ともがら》を辞《しりぞ》き、和合衆と成り、闘い無き場に住《とどま》れ。是、僧の道たるや、無欲故に自《みずか》ら和合し、無我なる故に自ら闘《たたか》うこと無し。是を以て三宝に入り、能く国の施しを受くるなり。然るに欲、怒を生じ、己我を発し和徳を失い、闘争を為すは廃倫の盗《ぬすびと》なり。人の中に置きて人の食を与えざれ、廃道の賊として仏中に置きて仏の食を施さざれ。

【訳】

仏道を求めるには身内と俗世間から離れて無欲求道の人、和合僧となり僧伽として生きなければならない。無欲であれば自ら人とは和み合い、私心無ければ争うことは無い。その心で仏法僧の世界に生きる時、国の恵みを受けることができる。したがって、無欲無我の禁を破り、欲に迷い感情に流されて怒り、身勝手をして諍いを起こすならば、道を外した盗人となる。そういう者には人として扱い施しを与えることはせず、また仏道に逆らう者として僧伽には加えてはならない。

・**釈氏**　仏道を求め僧籍にある者を指す。仏教渡来は西暦五五二年、欽明天皇十三年十月で、百済の聖明王が釈迦尊像一体と経論とを献上したことから。

・**和合僧**　俗世間と絶縁して求道する者たちを指す。和合と反対の不和であることが最も戒められる。

・釈氏憲法を用いられた事例は、推古天皇三十二年四月三日、「僧侶の祖父殴打事件」である。天皇は「道人だに法を犯す。何を以てか俗人を誨えられむ」と釈氏憲法に鑑みて叱責された。この問題によって、観勒（かんろく）を最初の僧正とし、僧尼全体を調査し取り調べることとなった。僧都は鞍部徳積（くらつくるべのとくしゃく）、法頭（のりのかみ）は阿曇連為鳴（あずみのむらじなりを）が任じられた。当時、寺は四六九、僧の数は八一六人、尼の数は五六九人であり一社会層を成していた。

第二条（斗の順道）

二に曰く、釈典は三国の宗《たっと》ぶことに通じ、百機の帰極なり。賢者は賢者として覚道を宗び、愚者は愚として因果に畏《おそれ》む。説かずして政道を導き、治めずして万気を正《まさごと》とせむ。故に諸国の諸王は之を敬う。其の興るも廃《すた》るも僧道に在り、僧者にして道を廃る則は仏法は理を失い、跡を失はむ、僧もまた自ら亡びむ。

【訳】

仏典は三国（印度、志那、朝鮮或いは志那、朝鮮、日本を指す）がみな尊び、政治の要諦に関わるものである。賢者はこの教えを尊び、愚者は仏道の説く因果応報を恐れている。これにより政道が正しく導かれ世の中の空気を穏やかにすることができる。よって諸国の王は仏道を敬うのである。仏道が興隆するも衰退するも僧侶の心がけしだいである。僧侶が仏道の戒めを破れば仏道の意義は消え、尊い教えの伝統も失われ、僧侶はおのずと破滅することとなる。

第三条（月の礼道）

三に曰く、戒は諸仏立極の大門なり。故に法身の遮那《しゃな》は華厳を先に説き、応化の釈迦は鹿野《ろくや》に先ず説き、是を以て衆僧は戒を受けて僧に入る。

戒を破れば僧を出ず。戒に在《とどま》れば是れ僧なり。戒を退けば僧に非ず。心は戒に依て理《おさま》り、徳は戒に依て成《しあが》る。戒を無《なみ》し、戒を破るの沙門は未だ自らを化《みちびけ》ざるなり。何ぞ人に教えむや。是れ国を費《ついや》すの遊民にして王者の放徒《やらいびと》たらむ。

【訳】

仏法の戒律は仏道を極める拠であり原点である。そのため大日如来の教えはまず華厳経にあり、仏となった釈迦は道場においてそれを説かれ、そこで戒を受けた者が僧侶となる。その戒律を破れば僧でいることは出来ない。守ってこそ僧であり戒律を無視すれば僧とはいえない。僧は戒律に従うことで心は落ち着き、その徳がしあがるのである。戒律を自覚せず、道を踏み外す者は僧侶としての資格はない。そういう者がどうして世の中の人を導けるものか。そういう者は国費を無駄にし王者に群がる乞食でしかない。

第四条（台の政道）

四に曰く、戒、定、慧は仏典の大綱なり。機に随って宗に趣《むかうところ》千万の科なるも大綱を離るる則《とき》は立つ所無し。

無戒の定は是れ邪定なり。無定の慧は是れ乱慧なり。三学は正しく立て仏門は立つなり。三学壊《やぶ》れれば仏門も倒《たお》れむ。

【訳】

仏戒、禅定、慧学は仏典の根本のきまりである。折々に応じた多くの決まりがあるが、この根本を離れては仏道とはいえない。教え通りの戒律を守っての禅定でなければ邪道である。禅定をせずに経典を読むのみでは智恵とはならない。三つの修行を怠りなく行ってこそ仏道を極めることができる。これを守らないときは仏門は滅びる。

・**戒**　教えにある戒律を守ること。

・**定**　禅定して自己の内面を洞察し執着を解き放って、仏性を自覚すること。

・**慧**　正しく思惟すること。戒、定、慧の三をまた仏という。仏の三台といい、この三つの学びによって仏道の求道を行うべきとする。

・聖徳太子は「心を虚にして広く転じれば万法に当て凝滞は無く、心を明かにして俊徳を得られよう。千物に触れて蒙昧ならず。愛恵すべくして仁の理を仁と成し、之を施し、よく制すべくして義を理め、義をなし之を施し、知を為し、礼を為し、応ぜざるということ無し。大いに用いるときは六合（天地四方）を包み、小さく用いるときは毫心に徹って分別し、天に奇するときは天命といい、徳に寄せるときは明徳といい、道に寄せるときは大道といい、覚に寄せるときは本覚といい、元は一物にして多くの名あり。品ありと雖も総てこれ心なり。天は天として用き、人は人として用き、仙は仙として用き、元は一事（大綱）にして多くの用きあり。状は異るといえども総てこれ心なり」と、この心こそが仏門の大綱であると教えている。（御語本紀）

第五条（鏡の智道）

五に曰く、講を為す者、当に四部を講え為《おし》すべし。僧俗をして儀と学との紛れを無からしめ三諦を講らか《あき》にし、在(家)出(家)兼ね住《とど》め、吟《さまよ》はしむること無からしめよ。十界を講えて三悪を厭い、三善を慕い、二賢を好み、二聖を求めしめよ。

四恩《しおん》を講《とい》て、父母を宗《たっと》び王者を敬い、倫衆に勤め、三宝に帰せしめ、五善を講《あきらか》にして其の善を尽くし以て悪を絶たしめ、五心を講《おし》えて性《うまれつき》の理を暁《さと》らしめ、圓成《えんじょう》に住《とどま》るの誨《おし》えを為すべし。

是れ聖者の化《みちびき》を布すの方《みち》なり。或は己の執《とらわれること》を講《おしえ》なさば、諸仏、通化大道の誨には非ずと為せ、恐らくは仏道をして厄窄《やくざく》の小経と作《な》し、壇越《だんおつ》をして不義の罪人と作《なさ》む。講者《おしえびと》は須《すべか》らく之を恐れよ。〈鷦鷯伝では、「恐らくは仏道をして小経（小乗）と作し、壇越の罪人と作む。」と結んでいる。〉

【訳】

仏法を講ずる者はまず仏道を求めるに、四種あることを教えるべきである。僧侶と俗人の違いを明かにするために戒律と三学（定・戒・慧）と三諦（空・仮・中）を教え、在家と出家の僧を区別し曖昧にならないようにしなければならない。迷いと悟りの境界である三悪（地獄・餓鬼・畜生）、三善（修羅・人間・天上）の違いを教え、二賢（声聞・縁覚）を目指し、二聖（菩薩・仏）を仰ぎ求めるように教えねばならない。この世で受ける四恩（父母の恩、国王の恩、衆生の恩、三宝の恩）を教え、五善（不殺生、不偸盗、不邪淫、不妄語、不飲酒）を守り善を尽くし悪を絶つように教え、五心を教え、生死の理を教え、生涯を締めくくる方法を教えねばならない。これが聖者の教えを伝える方法である。自分流の解釈で教えるときは、毘婆尸仏、尸棄仏、毘舎婆仏、拘留仏、拘那舎仏、迦葉仏、釈迦牟仏の七仏の教えから外れ、仏道を小乗のみと誤解し、施主を裏切る者となる。

・妙法寺本の条文は「四部を講え〜二聖を求めしめよ」までが欠文、大成経鷦鷯伝写本で補った。

・四部　仏道での身分、立場。比丘、比丘尼、優婆塞（うばそく）、優婆夷（うばい）の四種を指す。

第六条（竹の官道）

六に曰く、僧階の元《はじめ》は戒に依て立ち、未だ姓に依り、才に依らず。比丘《びく》は上座に、沙弥《しゃみ》は下座にするは是れ古仏の法節なり。或は朝寵を憑《たの》み、或いは識記を憑《たよ》り曲げ、座を高位に応対するは諸《これ》、なんぞ仏徒ならむ。即ち、俗徒なるのみ。

【訳】

僧官の位は具足戒を授かった比丘（出家した男性）と比丘尼（出家した女性）に与えられるのが原則であり、家柄や仏法修行以外の能力に依って得られるものではない。そして座位は比丘が上座に、具足戒を授かっていない沙弥は下座にという決まりがあり、これは仏道における古来からの決まり事である。ある者は朝廷の権力者を頼り、またある者は学識を笠に着て、決まりを破り高僧より上座にいる。これは仏徒のすることではない。そういう者は僧伽に加わったとしても、ただの俗物でしかない。

・戒　比丘に二百五十戒、比丘尼に三百四十八戒の戒律が具わり、これを守らねば僧、僧尼の資格者ではないことをいい、古仏の時代からの戒律を守るよう戒めた。

・僧階　僧官の順位は、後の推古天皇三十二年に初めて定められた。ここでは古来の座位について述べたものだが仏教渡来から七十年とまだ浅く流行期であることから中央官僚や学者など名門の子弟たちの入門が多かった。そのため僧と俗との境界を示し、権力を後ろ盾にした得度や破戒行為を厳しく注意したもの。

第七条（冠の位道）

七に曰く、僧は、内に一体、外三宝に住《とど》まれ。住持の三宝に事《つか》え、心に倦《う》まず、身に惰《おこた》らず、昼夜に勤め時を移さざれ。

於《ああ》　庶民は農に勤めて僧に与う。僧は之を食んで勤めざれば、其の罪、遯《のが》るる所無し。僧にして罪を怖れざれば、壇越《だんおつ》の罰を遮る所なけむ。

【訳】

僧侶は仏法を後々まで廃れぬように守り伝えるために三宝に仕え仏と一体となり、片時も飽きることなく怠けることなく、我が都合を入れず、時を忘れて仏の道に勤めなければならない。世の中の人々は田畑で働き、食べ物を得れば、それを仏門へお供えする。僧はそこから自分の食を得ていながら勤めを果たさないならば、それは逃れることのできない罪となる。無欲、無私に生きるための僧の身にありながら罪を犯すことを恐れないならば、人々からとがめられ罰されることとなる。

・冒頭の「僧は内に一体、外三宝に住まれ」は欠文のため補った。

・三宝　仏法僧を指す。仏法僧は仏と一体としているところに尊さがある。これは三種の神器と皇位が一体であるがゆえに尊いとされるのと同じ理由である。僧侶とは仏の徳そのままを体現して生きるので、俗世間の欲を棄て争いごとから離れて和合した存在、つまり和合衆となった。それを自覚し襟を正せと戒めたもの。

・檀越　施主、檀那を指す。この時代の寺は国費で賄われ、天皇始め国民の布施に寄って経営されていた。

第八条（契の信道）

八に曰く、僧と為《し》て深《きびし》く、古仏の所在を尋ね見よ。〈ここに「報仏報土無きこと無し」の文を欠く〉或は理解して他に古仏無く、自ら性《うまれつき》の是れなりと謂い又、諸〈脱字〉、仏は是れ理の名にして其の人無しと謂う。若し成仏の人無くば汝、悟りて何の仏と成らむ。又仏の感応有ると云うは諸れ、理のみ、何ぞ感応を作《おこ》さんやと謂う。是、因果、撥無の見《けん》のみ。須《すべか》らく、信に住《とどま》りて諸仏三身の境界を見るべし。

【訳】

僧は古仏の存在をよく学び、その教えを知らなければならない。古仏を深く理解する者は自らの帰する所を覚り、またある者は古仏は実際には存在せず理を譬えたものだという。もし成仏した古仏たちが存在しないというならば、悟りの後はどうなるというのか。また経典から理のみを得て仏を知ったつもりの者は、仏の感応を信じない。これは因果応報を信じない者である。よく過去仏に学び信に至り、法身、報身、応身を覚るべく精進しなければならない。

・**古仏**　過去仏のこと。毘婆尸仏（びばしぶつ）、尸棄仏（しきぶつ）、毘舎浮仏（びしゃふぶつ）、拘留孫仏（くるそんぶつ）、倶邦含牟尼仏（くなごんむにぶつ）、迦葉仏（かしょうぶつ）、釈迦牟尼仏（しゃかむにぶつ）の七仏をいう。

・経典によって仏道を学ぶとき、経文の表面しか読み取れず古仏をどう解釈するかに躓く者は真の仏徳を会得しない。悟りの難しさと修行の大切さを諭し、理屈に偏って仏の心を見失うことを戒めたもの。

第九条（龍の謙道）

九に曰く、一《もっぱら》仏に帰し、一《もっぱら》法に依れ、悉く地に成《しあぐ》るは仏典の一儀なり。是を一行三昧《ざんまい》と名《い》う。乃ち虚妄に非ず又、大道に非ざるは、釈学に於ても道と為さず。王道に於ても利有らず。仏は聖中の聖にして我に卑道無く、法は公中の公、私小の理無し。僧は君中の君たり。俗《よのなか》の野行《いやしきふるまい》無くさんのみ。諸悪を作《な》すこと莫《な》く、衆善の行《おこない》奉は自ら其の意を浄めむ。這の教は大道ならむ。大道は当に普《すべてのもの》に一《おなじ》く訓《おし》え、行は別に訓えるに好《よかる》べし。

【訳】

僧とは、ただただ仏を求め仏法に依って生きてこの世で即仏として成就するものである。これを一行三昧という。これは偽りではなく正しき道であるからこそ釈迦は仏道として仕上げた。大道でなければ王者が尊び庇護する意義はない。仏は聖の中の聖であり、私の野望なく、その法は世の中に広く通じ、狭い考え方ではない。僧侶は君子として世間の悪行を戒め、人々を教え導かねばならない。諸々の悪行をせず、善き行いをすれば心清らかになるものだ。この教えは正しき道である。正しき道こそはすべての人に広め、また人それぞれのあるべき正しさを導くようしなければならない。

・**悉地**　梵語で成就と訳する。
・**三昧**　梵語で定と訳する。精神統一し無念無想の境に入ることをいう。
・**大道**　太子の大道観は大成経第六十四巻御語本紀に詳しく述べられている。

第十条（花の事道）

十に曰く、仏典に、冥府の為体《ありさま》を明かにせよ。悪業の報由《むくいのわけ》を明め《きわ》、不義は教化を絶つと雖も、能く知る則《さとときは》は悪事を離れむ。又、仏界の妙境を明め、善因、慶果を明かにせむ。無智は学習を断つと雖も、能く聞く則は願て善を行はむ。僧は此の極を知て教示を下せ。

【訳】

仏典を用い、人の死後がどうなるかを説かねばならない。悪行の報いとして地獄に堕ちることを説けば、悪人であってもよく理解し自分の罪を恐れるようになるものだ。因果応報は、善きことをすれば極楽へ行き、悪ければ地獄へ堕ちることの両方を教えよ。これを知らずに悪行をする者も、教えを聞けば善を行おうとするものである。僧侶は仏典の通りに説き、私情を入れずに人々を善行へ導かねばならない。

・冥府の為体　仏教は死を説くことで生を正しく導くという、花と実の関係を説いている。その仏法の最も大切なところを極め、用いよという諭しである。

第十一条（日の主道）

十一に曰く、大蔵経《だいぞうきょう》に雨を請い、晴れを請い、敵を伏し、乱を治むる修法有り。僧にして之を修《おこな》うとき、験為《ききめせし》こと、世世以て証《あかし》有り。是れ、仏典は天に服《したが》い、神を帰し、龍も伏《したが》い、鬼も降すの霊証なり。或は基に証し無くば何を以てか幽地を説くの実《まこと》を見《あらわ》さむ。効験の有無は僧たる者の徳に有らむ。

【訳】

大蔵経には仏に雨乞いをし晴れを請い、敵を屈服させ争乱を静める法が書かれている。僧侶がこの法を用い行って効き目があったことは世の中に事実として知られている。仏典には、天に通じ、神仏に通じ、魔性のものをも静める霊妙なる修法を記録してあり、それが証明となる。これらの証がなければ、目に見えない世界のことを教えるのにどうやって根拠を示し説くことができるだろうか。霊験を得るには僧は幽地を照らす徳を身につけなければならない。

・仏典の定戒は神典の齋禁（ものいみつつしみ）に該当する。仏事の供養は神事の祭礼に共通し、仏は慈悲に応え、神の誠心に応え、心は善にかなうものである。神仏のはたらきが異質のものでないことを諭したもの。

・**大蔵**　大蔵経。別名一切経。経蔵律論の三蔵の総称を指す。経蔵は仏の説法、律蔵は戒律、論蔵は経典研究がそれぞれまとめられたもの。

・**雨請晴請**　神道の降雨祈願は、為政者の仁の心が薄いがために民を困らせ、世の中を疲弊させることで神の怒りに触れ、日照りが続き雨が降らなくなる罪を悔いて、祭りを行い神に詫び祈り、雨乞いをする儀式をいう。晴れを請うというのは、殃を治めるの呪法。敵を伏すは、神道の伏夷（ひなしずめ）の祈願を指す。いずれも仏教の修法に共通している。神仏の徳を顕現させる立場の者として、僧は我が身に徳を治めよと戒めたもの、神職然りである。

第十二条（車の司道）

十二に曰く、小乗《しょうじょう》は神天を卑《いやし》め沙弥《しゃみ》より軽んじ、大乗《だいじょう》は高地の貴きを知て菩薩《ぼさつ》と為す。吾国は神国なり、仏の本神《もとつかみ》有《まします》なり。仏の跡神有《まします》なり。小乗にては国を理《おさむ》ること能はざらむ。唯、大乗に学び専《もっぱ》ら神明を貴《たっと》むべし。

【訳】

小乗仏教は神を尊ぶことなく仏僧より軽んじ、大乗は貴き神のいることを知りそれを菩薩と称した。吾が国は神国であり仏教の大本の神の坐す国である。古仏が学んだ神が坐すところである。小乗の教えは国を治めるにはふさわしくない。仏者はもっぱら大乗に学び、神を尊ばねばならない。

・小乗　己自身の解脱を目的とし、個人の悟りを追求する仏法。

・大乗　小乗の対で、個人の救いを求めるのではなく世の中の平穏と衆生全体を救うことを悲願とする次元の高い教理。小乗の限界の後に発展したもの。神道と手段は異なっても目的とするところは同じである。

・**仏の本神**　神が本体で仏はそこに発生したとする考え方。仏教では逆に考える本地垂迹説を採るが、それは我田引水的な考えとして戒めたもの。

・**神明**　これは儒教伝来以降から使用された言葉。神明宮では天照大神を祭っている。正神、また純善の神であり一切の邪念がない神をさす。

・**車の理**　仏は濁った世に出現して救済し清浄化し、神は清き世に降臨して信と淳さと正しさを教える。そして大乗は慈悲、信、正直の神と共通しており、いずれも私が無く欲無きことを理想として道を示している。車の両輪のように神と仏を伝えることを諭したもの。

第十三条（地の徳道）

十三に曰く、大乗に勝《すぐるる》る方便有り。念仏密呪は罪を消し、大悲の妙経は楽を与うる説を敷く。疎《うと》く聞けば罪を加うるに似るも、実に知《さと》れば頗《すこぶ》る罪を離れむ。念願の因縁薫《ふか》く引て遂に悪を改め、善を行い、義、智の道に入らむ。愚人は絶つに焉《これ》に非ざれば善に入《みちびき》難し。講者《とくもの》は妄《みだ》りに説かば仏意を破らむ。〈潮音本に「妄に説かば七仏の大道を破らむ」とあり、その方が太子の文としてふさわしいとみる。こちらは省略か〉

【訳】

人々を導くためには、大乗に勝れた方便がある。念仏や密教の呪法は罪を消し、また法華経は成仏へ誘う方便を説いている。疎かにして聞けば罪を加えるにも似ているが、本心から聞き納得すればすっかりと罪を洗い流し離れることができる。仏に願うところの罪の因縁は、祓い草の香りとともにすっかり引き悪は改められ、思いは善へと向かっていく。そして義（つつしみ）と智（さとり）の道へと入ることができる。義、智の道が絶たれた愚か人を導くためにはこの方便を用いなければ困難である。説教する者はこのことを弁えずに説けば仏の心に背くことになる。

・**念仏**　浄土を目指すために唱える。

・**密呪**　真言を指す。

・**大悲の妙経**　法華経。

・**薫く引き**　古代には薫り草で祓除をしたのでこの字を当てたもの。

・**疎く聞けば罪を加え**　方便に含蓄された仏の教えを理解するには説く側の経験と修行の成果としての徳が問われる。経文の文字通りに読み聞かせるだけでは誤解を生じ、間違った方へと導いて罪作りとなるという注意である。

・太子は小野妹子に対し「小人の常の事たるや、己の治力を倦（おこた）りて必ず世の常と言う。聖人は事を理めて怒を無くす為に事を教え、悪を無くす為に其の及ばざるものは、その理を成さずして怒るべきことを生じ、その教えることを成さずして悪（にく）むべきことを生ず。情に悪怒の有るは必然なり。世に虎狼有って之を狩るが如し。虎狼の無き地に於いて之を習いて之を狩らば何の益ぞや」と。（御語本紀）世事を知り情を知り、さらに事の理を説いて情を静め、初めて仏の覚を人に導くことができる。説く者は仏意がどこにあるかを見誤ってはならないと戒めたもの。

第十四条（天の公道）

十四に曰く、辰旦の大徳は梵経を釈《と》くに理解し甚《すぎ》て正体を失い、還って妄りに寓言《ぐうげん》と成す。仏は聖中の聖なり。何ぞ一言の虚誕を説かむ。又、神の中の神なり、事に詰まって造り語《ごと》を成すこと無からむ。仏説は真実の真、事の事に如《しか》らざるを説くこと無けむ。頻りに理解する則は妄《いつわり》に落《おち》む。

【訳】

十四に曰く、中国では僧が仏典を解釈するのに理屈に偏り過ぎて本質を見失い、仏心から離れ人知の理詰めで解くことがある。釈迦は勝れた聖人である。どうして虚構の方便を語ったりするものか。神の域に達した聖が、教えを説くのに行き詰まり偽りを言うことなどありえないのだ。仏説とは真の事を教える以外には無い。理解しようとする余りに字面のまま深読みしていけば、我流に陥ってしまうのである。

・**震旦**　中国の古名、別称。
・**梵経**　ここでは仏典をさす。梵はブラフマンの漢称。印度の婆羅門教の最高神を指す。神道では天に当たる。梵天は天神と同じ概念。
・**甚**　すぎると訓む。ハナハダと訓むと文章に矛盾が生じる。甚はタノシム、ケヤケシとも訓む。

第十五条（水の時道）

十五に曰く、外道は地獄仏土の説を議り之を方便説と謂う。復《また》方便の名目を議って、無を謀《たばかり》て有と作《な》し目《かなめ》と謂い、又、僧者有って同に見る。

汝、何に梵学に疎《うときこと》ぞ。其れ方便の名目は小自《よ》り大を之《はか》る。仏は其の階名を標《さす》なり。無きことを作り有ると為さば是れ焉《これ》、偽詐ぞ、即ち人を欺くに非ずや。或は儀欺を造りて説かば天仙、神鬼、何ぞ尊で、聖主、世尊と説《おし》え崇《あが》めむ。

【訳】

仏徒でない者は地獄極楽があるという教えを方便に過ぎないという。また方便という名目を悪用し、あり得ないものを事実のように偽って僧が教えているようにいう。彼らはなんと仏道に無知であることか。そもそも方便とは仏道を小乗から大乗へと発展させたがための方法である。仏とは覚者の名を表すものである。嘘を事実として説くならば詐欺となるが、仏道は人を欺くためのものではないのだ。詐欺ならば、天仙や神鬼を尊び畏れ、聖主、世尊と説き崇めたりはしないものだ。

・小より大を計る　個人が救いを求め助かるための法からすべての世の為に、自分より他人の為に、救いを求める大乗を重視する。

・天仙　仏説で天上にいる仙人を指す。
・聖主　聖浄界の主、仏の中の主。
・神鬼　鬼神。

第十六条（籠の品道）

十六に曰く、震旦に宗あり。有る者は必ず焉《これ》に至って、自他し、並び立《たつ》に以て諍い無きこと無し。宗の諍《いさか》いは獅子身中の虫なり。己を食い、己を断つに亦、両虎の諍いに似て傍《そば》の狐の食と成らむ。亦、壇越《だんおつ》をして闘わしむるに至り、国乱も是れより起らむ。是仏道を破り、王政を破らむ。宜しく無我に入って諍いの本を断つべし。

【訳】
中国の仏教徒は宗派を成している。派を作る者は自分とは異なる者と対立し、必ず争うこととなる。宗派で対立し争うことは、獅子身中の虫に害されることである。己を食い、己を断ち、自らを滅びへと至らせてしまうもので、争う二頭の虎が傍で見ていた狐の餌食になるようなものである。また、その争いは檀越の人々を巻き込み、世俗の人を闘わせることになり、ひいては国の争乱となりかねない。これは無私無欲、無闘の和合衆の道を破り、王政をも乱すものである。僧たる者は、大本の無我に入り、争いの原因から離れ、情を絶たねばならない。

・宗有り　派閥のこと。
・自他並立つ　自分の宗派に執着し他を批判すること。
・獅子身中の虫　梵網経にこの教えが説かれている。仏恩を仇で返すことになる。

第十七条（鼎の法道）

十七に曰く、仏は伏義、老、孔を記《しる》し、老孔は竺乾《じくかん》西方を道《い》えり。儒は其れ焉《なん》ぞ仏理を非《そし》らむや。仏は日月星を説き、神は皇天に代って教えを宣《のたま》う。仏も又、是れ神道なり。仏の五心は神の五心。儒の五常は仏の五大。神の五行は儒の五行なり。仏、神、儒の本は一道《おなじ》なり。故に兼学を嫌わず、兼ねて学ぶときは理を尽さむ。

【訳】

仏典には中国の伏義（ふくぎ、大皞とも呼ぶ古代中国の三皇の聖人）、老子、孔子について記されており、そして老孔はともに古代印度の仏道を知り尊んだ。だが今の儒学を学ぶ者はどうして仏教を非難するのか。仏道は日月星によって命運を衆生に説き、神道は皇道によって国を導くものであるが、仏道もまた印度の神の道である。仏の五心は神の五心であり、儒学の五常は仏の五大、神の五行は儒の五行であり、言葉は違えどもその意味は相通じ、等しく神を尊び、天地と人を調和し導く法である。仏、神、儒の本は同じ道である。ゆえに三法兼ねて学ぶことを嫌わず、学ぶときは深き真理を得ることとなる。

・竺乾西方　西方の天竺、印度の古代名。
・仏の五心　不殺生心、不偸盗心、不邪淫心、不妄語心、不飲酒心を指すか。
・神の五心　恵、覚、堅、礼、誠。
・儒の五常　仁、智、義、礼、信。

・神の五行　神（あけみたま）、魂（あおみたま）、魄（しろみたま）、精（くろみたま）、霊（きのみたま）。或いは神、心、理、気、境。又は五気を指す。

・儒の五行　木、火、土、金、水。

・鼎の三本足　太子は神儒仏を鼎の三本足に譬えられた。それぞれが国を支える道で尊い教えであることに変わりはないということを諭し、争うことを戒めた。

・太子は、「是れ、諸仙は天寿、神妙を取り長生不死を致し、先皇は天度、地鎮を取りて太平不乱を致したまえり。諸仙は永久の中より奇術、神丹（錬丹術）を発し、先皇は永久の中より正政、安民を発せり。仙道、皇道の差はここにあり。鬼神の道は仙道にして仁義は求むる所に非ずも登天は是れ求むる所なり。人倫の道は是れ皇道なり。長生は求むる所に非ざるも民を安らぐことは是れ求むる所なり。」（御語本紀）古代中国の聖人の仙道と吾が国の皇道には方法において共通点があるが、その目的は異なり、吾が国の皇道は公と個人がともに成り立ち安らかであることを希求する道であると教えた。三法の兼学をすることによって得られる智恵である。

釈氏憲法　終

総　則

白鹿の角の十七文字

聖徳五憲法が制定された経緯は、憲法前文に述べられている通り、時代の移り変わりとともに古来のしきたりが守られなくなり、いよいよ法を明文化しなくてはならなくなったのが理由であった。また大和朝廷が新しい時代へと向おうとしている時、後に推古天皇から聖皇と称されるたぐい稀な才と徳の人、聖徳太子の存在があったことが、最も大きな理由であるといえるだろう。

そして、吾が国初の憲法が各篇十七条で構成されたのは次のような由縁あってのことである。

「推古十二年（西暦六〇四年）夏四月三日、皇太子　奏して親しく憲法十七条、五篇を肇めてつくる。是は白鹿の角の十七の枝（わかれ）の文によるなり。一首は通蒙憲法、二首は政家憲法、三首は神職憲法、四首は儒士憲法、五首は釈氏憲法なり。」（帝皇本紀）

憲法制定より六年前の推古六年冬十月、雁越国司（こしのくにのみこともち）から朝廷へ一頭の白鹿が献上された。その白いこと雪のようで、太く、清く、頭を揚げれば頂きは高さ八尺、身の長さは五尺八寸、角の枝（わか）れは十七股、その枝の付け根に文字が有った。琴、斗、月、台、鏡、竹、冠、契、龍、花、日、車、地、天、水、籠、鼎の十七文字である。皇太子（聖徳太子）はこれをご覧になり、白鹿がとても尊いものであるとして敬われ、次のように言われた。

「白鹿は麒麟の類いで、また神仙の獣である。これを得ることは千年かけても難しい。八尺は麒麟の背丈である。麒麟は得ることができるが、この鹿を得ることはとても難しく、これは希有なことだ。

十六の股の角は仙鹿の王の証しである。万年かけてもこのようなものは現れるものではない。神仙は人になら現れることはあるが、鹿として現れるのは非常に珍しい。それに一股を増し十七股であることが、さらに珍しいことだ。十七とは世法の数である。十の数は五倫と五常の和を示し、七は五行とその生と剋を表している。」（帝皇本紀）

この白鹿を吉兆とし、この年の年貢役が赦され、三輪大社へ奉幣がなされた。

また聖徳太子の業績を記した聖皇本紀には「初め自ら憲法をまとめ、十七条に分つ。

これは白鹿の角に十七文があったことによる。この時、天下の法度が正しく定まった。天皇は大いに喜ばれ群臣に命じ、各一本に写して天下に伝え読ませるようにされた。この月に天皇は詔し、宰家、神家、釈門、儒門の四家憲法を増すように言われた。この時より法家が自在にしていた邪な政を止めさせ、法は自らおさまり、教えは乱れず、これを喜ばない者はなかった。」と記されている。

この白鹿十七文字の由縁は日本書紀には書かれていないため、十七を仏説によるものと解釈する説など、推論が一人歩きしているのが現状である。

大成経序伝にあるように聖徳太子薨去の一年後、側近たちによって編纂が続けられ完成した大成経に、憲法本紀としてこの五憲法全文が収められた。

その時の推古天皇の感慨深い御言葉が記されている。

天皇　勅《みことのり》して曰《もう》す。

昔《さき》に聖皇　憲法を製《さだ》めたまうに也、これ《これ》この条数は悉く白鹿《しろしか》の文に依る。

朕は今、これを思うに誠に所由《よし》あり。

【訳】

天皇が詔してもうされた。「さきに皇太子が憲法を定めてくれたのだが、この十七条という数はすべて白鹿に描かれた文によるものであった。わたしは今になってあらためて思うのだが、本当に定かな理由あってのことである。

・聖皇　聖徳太子への諡（おくりな）真至聖皇の略称。

・昔　「さき」と訓む。先代旧事本紀大成経に憲法本紀を収める際の御言葉であり、すでに皇太子は薨去されているため。

〈琴〉琴はこれ楽器なり。楽は人情を和《やわ》らぐなり。第一章に和道を立つ。

夫れ憲法は政道を理《おさ》むるなり。政道は人倫を理め、人倫は五典に在り、五典は和道に在り。

〈斗〉斗はこれ斗柄なり。天に順って行う。第二章に順道を立つ。順道は政道を成《しあ》ぐ。六順は五典を成《しあ》ぐ。考順、悌順、忠順、愛順、敬順、信順の是なり。

〈月〉月には進むと辞《しりぞく》とあり。分と節は礼の体なり。第三章に礼道を立つ。

礼道は人倫の大儀なり。

〈台〉台は天の三公なり。最《すべ》て天の政を宰《つかさど》る。第四章に政道を立つ。

政道は王道の大本なり。

〈鏡〉鏡はこれ明るく照らす器なり。明は智の体なり。照は智の用《はたらき》なり。第五章に智道を立つ。智道はこれ政道の大要なり。

〈竹〉竹はこれ長草なり。節と虚と常強の徳を具《そな》う。節と虚と常と強は官者の行いと心なり。第六章に官道を立つ。官道は王道の大務なり。

〈冠〉冠はこれ位階の器なり。皇政は朝臣に有り、朝臣は位階に在り。第七章に位道を立つ。位道は皇道の極なり。

〈契〉契《けい》はこれ文字なり。文字は道理を盛る器なり。道理は信に依って立ち、信は道理に依って起こる。第八章に信道を立つ。信道は万道の束《つかね》なり。

〈龍〉龍はこれ大なる生きものにして霊物の至りなり。大身を以て小身と化《な》り、而《しか》も小澳《しょういく》に隠れるなり。大に在って小を以《もち》いるは、是れ謙なり。第九章に謙道を立つ。謙道は即ち礼道の宗《もと》なり。

〈花〉花の開落を為すに私無し。これ賞罰の状にして事道の相なり。第十章に事道を立つ。事道は政道の曲《こまかいことがら》なり。

〈日〉日はこれ天の主なり。烈光主陽の徳を具えて、齋元の主上と成る。主上は日の徳を以て王の身と成る。臣下は日徳を仰いで主上を尊ぶ。第十一章は主道を立つ。主道は齋元の元なり。

〈車〉車はこれ乗る器なり。両輪有って欠かざるは位なり。乃《これ》当に司道の足なり。知《つかさど》って闕《かくる》こと無し。第十二章に司道を立つ。司道は官道の用《はたら》きなり。

〈地〉地はこれ六地なり。貞定にして万物を成《しあげ》るなり。唯り嫉《ひと》妬無くして成る。これ徳道に合うならむ。第十三章に徳道を立つ。徳道は万善の根なり。

〈天〉天はこれ九天なり。四時百刻毫芥《うのけのほど》の私無し。これ公道と名づく。第十四章に公道を立つ。公道は皇政の総《すべて》なり。

〈水〉水は夏に解け冬に氷り、潤いは方圓に和《とろ》け、時に随うの状《かたち》なり。これ時道を表わすなり。第十五章に時道を立つ。

時道は民を使う基にして諸《おおく》の道に応ずるなり。

〈籠〉籠はこれ目の器なり。目々品々は是れ大小の事に分つ。第十六章に品道を立つ。品道は諸事に応ずる機なり。

〈鼎〉鼎はこれ竈器《そうき》なり。三足を以て立つはこれ当に三法なり。

儒は五典の精《こころ》を明《あきらか》にし、釈は五教の密《みち》を説き、神は五鎮の真《まこと》を示したまう。儒は存世を理《おさ》め、餘功は生後に及ぶ。釈は生後を道《みちび》き、餘徳は存世を道く。神は今後を度《すく》い同じく修《おこ》なって一に偏《かたよら》ず。第十七章は法道を立つ。法道は政道を立つ餘《ほか》に無し。

〈結び〉是れ此の和、順、礼、政、智、官、階、信、謙、事、主、司、徳、公、時、品、法の十有七道は、一《おなじく》倶《とも》に立て大道の政道に合う。故に上天《たかあまはら》は、是を鹿の角に露《あらわ》し、聖人、是を憲法に遷《うつ》したまうなり。

是を以て之を見るに、及ち此の憲法は天《たかあまはら》と聖と一倶の公道なり。之を以て天下の道は偏《かたよ》り無く、蓋《つかえること》無くして安らけく平けく成《おさまれる》なり。之の掟《おきて》消《おとろえ》なば、天下は則ち偏りを生じ、蓋《さえぎり》を発《おこ》し、平《おさま》らざるに成《いた》らむ。何ぞ疑い有らむか。

【訳】

この文字に表わされた十七の道は、皇道の政を示したものである。そのために天つ神は、これを白鹿の角に霊験させ、聖皇（聖徳太子）はそのことを理解され十七条の憲法として政に用いるべく憲法を作られた。

このことを見てわかるように、この憲法は天と聖皇が一つとなって行われる公の道である。これに則って政治を行えば世の中は偏りなく、何の妨害もなく安泰に治まる。また、この法の定めが疎かにされたならば、世の中は偏りを生じ天の心と離れ、人は天に通じず、国は乱れることとなる。これに何の疑いがあろうか。

・天と聖と一倶　白鹿はそもそも瑞祥であるが、単なる吉兆の徴ではなくその角に顕れた十七文字に大きな意味を置いている。人知の思いつきで定めたわけではなく、白鹿の角に顕れた文字が、天から賜った教えであると理解し、その意味を解いた聖徳太子は、天の心を法に表わし、政治家を始め神職者、学者、僧侶といった指導的立場の者へ、国家のあるべき姿を示して大道を説かれた。これを守らねば、国の安泰は望めないと警告し、疑わずに行うようにと結んだ。

総則　終

《付録》

（註・上諭を略して掲載する。）

日本国憲法

昭和二十一（一九四六）年十一月三日　公布
昭和二十二（一九四七）年五月三日　　施行

日本国憲法

前文

日本国民は、正当に選挙された国会における代表者を通じて行動し、われらとわれらの子孫のために、諸国民との協和による成果と、わが国全土にわたって自由のもたらす恵沢を確保し、政府の行為によって再び戦争の惨禍が起ることのないようにすることを決意し、ここに主権が国民に存することを宣言し、この憲法を確定する。そもそも国政は、国民の厳粛な信託によるものであって、その権威は国民に由来し、その権力は国民の代表者がこれを行使し、その福利は国民がこれを享受する。これは人類普遍の原理であり、この憲法は、かかる原理に基づくものである。われらは、これに反する一切の憲法、法令及び詔勅を排除する。

日本国民は、恒久の平和を念願し、人間相互の関係を支配する崇高な理想を深く自覚するのであって、平和を愛する諸国民の公正と信義に信頼して、われらの安全と生存を保持しようと決意した。われらは、平和を維持し、専制と隷従、圧迫と偏狭を地上から永遠に除去しようと努めている国際社会において、名誉ある地位を占めたいと思う。われらは、全世界の国民が等しく恐怖と欠乏から免れ、平和のうちに生存する権利を有することを確認する。

われらは、いづれの国家も、自国のことのみに専念して他国を無視してはならないのであつて、政治道徳の法則は、普遍的なものであり、この法則に従ふことは、自国の主権を維持し、他国と対等関係に立たうとする各国の責務であると信ずる。

日本国民は、国家の名誉にかけ、全力をあげてこの崇高な理想と目的を達成することを誓ふ。

第一章　天皇

第一条　天皇は、日本国の象徴であり日本国民統合の象徴であつて、この地位は、主権の存する日本国民の総意に基く。

第二条　皇位は、世襲のものであつて、国会の議決した皇室典範の定めるところにより、これを継承する。

第三条　天皇の国事に関するすべての行為には、内閣の助言と承認を必要とし、内閣が、その責任を負ふ。

第四条　天皇は、この憲法の定める国事に関する行為のみを行い国政に関する権能を有しない。
二　天皇は、法律の定めるところにより、その国事に関する行為を委任することができる。
第五条　皇室典範の定めるところにより摂政を置くときは、摂政は、天皇の名でその国事に関する行為を行う。この場合には、前条第一項の規定を準用する。
第六条　天皇は、国会の指名に基づいて、内閣総理大臣を任命する。
二　天皇は、内閣の指名に基づいて、最高裁判所の長たる裁判官を任命する。
第七条　天皇は、内閣の助言と承認により、国民のために、左の国事に関する行為を行う。
一　憲法改正、法律、政令及び条約を公布すること。
二　国会を召集すること。
三　衆議院を解散すること。
四　国会議員の総選挙の施行を公示すること。
五　国務大臣及び法律の定めるその他の官吏の任免並びに全権委任状及び大使及

び公使の信任状を認証すること。
六　大赦、特赦、減刑、刑の執行の免除及び復権を認証すること。
七　栄典を授与すること。
八　批准書及び法律の定めるその他の外交文書を認証すること。
九　外国の大使及び公使を接受すること。
十　儀式を行うこと。

第八条　皇室に財産を譲り渡し、又は皇室が、財産を譲り受け、若しくは賜与することは、国会の議決に基づかなければならない。

第二章　戦争の放棄

第九条　日本国民は、正義と秩序を基調とする国際平和を誠実に希求し、国権の発動たる戦争と、武力による威嚇又は武力の行使は、国際紛争を解決する手段としては、永久にこれを放棄する。
二　前項の目的を達するため、陸海空軍その他の戦力は、これを保持しない。国の交戦権は、これを認めない。

第三章　国民の権利及び義務

第十条　日本国民たる要件は、法律でこれを定める。

第十一条　国民は、すべての基本的人権の享有を妨げられない。この憲法が国民に保証する基本的人権は侵すことのできない永久の権利として、現在及び将来の国民に与えられる。

第十二条　この憲法が国民に保証する自由及び権利は、国民の不断の努力によって、これを保持しなければならない。又、国民は、これを濫用してはならないのであって、常に公共の福祉のためにこれを利用する責任を負う。

第十三条　すべて国民は、個人として尊重される。生命、自由及び幸運追求に対する国民の権利については、公共の福祉に反しない限り、立法その他の国政の上で、最大の尊重を必要とする。

第十四条　すべて国民は、法の下に平等であって、人種、信条、性別、社会的身分又は門地に寄り、政治的、経済的又は社会的関係において、差別されない。

二　華族その他の貴族の制度は、これを認めない。

三　栄誉、勲章その他の栄典の授与は、いかなる特権も伴わない。栄典の授与は、現にこれを有し、又は将来これを受ける者の一代に限り、その効力を有する。

第十五条　公務員を選定し、及びこれを罷免することは、国民固有の権利である。

二　すべて公務員は、全体の奉仕者であって、一部の奉仕者ではない。

三　公務員の選挙については、成年者による普通選挙を保証する。

四　すべて選挙における投票の秘密は、これを侵してはならない。選挙人はその選択に関し公的にも私的にも責任を問われない。

第十六条　何人も、損害の救済、公務員の罷免、法律、命令又は規則の制定、廃止又は改正その他の事項に関し、平穏に請願する権利を有し、何人も、かかる請願をしたためにいかなる差別待遇も受けない。

第十七条　何人も、公務員の不法行為により損害を受けたときは、法律の定めるところにより、国又は公共団体に、その賠償を求めることができる。

第十八条　何人も、いかなる奴隷的拘束も受けない。又、犯罪に因る処罰の場合を除いては、その意に反する苦役に服させられない。

第十九条　思想及び良心の自由は、これを侵してはならない。

第二十条　信教の自由は、何人に対してもこれを保障する。いかなる宗教団体も、国から特権を受け、又は政治上の権力を行使してはならない。
二　何人も、宗教上の行為、祝典、儀式又は行事に参加することを強制されない。
三　国及びその機関は、宗教教育その他いかなる宗教的活動もしてはならない。
第二十一条　集会、結社及び言論、出版その他一切の表現の自由は、これを保障する。
二　検閲は、これをしてはならない。通信の秘密は、これを侵してはならない。
第二十二条　何人も、公共の福祉に反しない限り、居住、移転及び職業選択の自由を有する。
二　何人も、外国に移住し、又は国籍を離脱する自由を侵されない。
第二十三条　学問の自由は、これを保障する。
第二十四条　婚姻は、両性の合意のみに基づいて成立し、夫婦が同等の権利を有することを基本として、相互の協力により、維持されなければならない。
二　配偶者の選択、財産権、相続、住居の選定、離婚並びに婚姻及び家族に関するその他の事項に関しては、法律は、個人の尊厳と両性の本質的平等に立脚して制定されなければならない。

第二十五条　すべて国民は、健康で文化的な最低限度の生活を営む権利を有する。

二　国は、すべての生活部面について、社会福祉、社会保障及び公衆衛生の向上及び増進に努めなければならない。

第二十六条　すべて国民は、法律の定めるところにより、その能力に応じて、ひとしく教育を受ける権利を有する。

二　すべて国民は、法律の定めるところにより、その保護する子女に普通教育を受けさせる義務を負う。義務教育は、これを無償とする。

第二十七条　すべて国民は、勤労の権利を有し、義務を負う。

二　賃金、就業時間、休息その他の勤労条件に関する基準は、法律でこれを定める。

三　児童は、これを酷使してはならない。

第二十八条　勤労者の団結する権利及び団体交渉その他の団体行動をする権利は、これを保障する。

第二十九条　財産権は、これを侵してはならない。

二　財産権の内容は、公共の福祉に適合するように、法律でこれを定める。
三　私有財産は、正当な補償の下に、これを公共のために用いることができる。
第三十条　国民は、法律の定めるところにより、納税の義務を負う。
第三十一条　何人も、法律の定める手続きによらなければ、その生命若しくは自由を奪われ、又はその他の刑罰を科せられない。
第三十二条　何人も、裁判所において裁判を受ける権利を奪われない。
第三十三条　何人も、現行犯として逮捕される場合を除いては、権限を有する司法官憲が発し、且つ理由となっている犯罪を明示する令状によらなければ、逮捕されない。
第三十四条　何人も、理由を直ちに告げられ、且つ、直ちに弁護人に依頼する権利を与えられなければ、抑留又は拘禁されない。又、何人も、正当な理由がなければ、拘禁されず、要求があれば、その理由は、直ちに本人及びその弁護人の出席する公開の法廷で示されなければならない。
第三十五条　何人も、その住居、書類及び所持品について、侵入、捜索及び押収を受けることのない権利は、第三十三条の場合を除いては、正当な理由に基づいて発せられ、且つ捜索する場所及び押収する物を明示する令状がなければ、侵されない。

二　捜索又は押収は、権限を有する司法官憲が発する各別の令状により、これを行う。

第三十六条　公務員による拷問及び残虐な刑罰は、絶対にこれを禁ずる。

第三十七条　すべて刑事事件においては、被告人は、公平な裁判所の迅速な公開裁判を受ける権利を有する。

二　刑事被告人は、すべての証人に対して審問する機会を充分に与えられ、又、公費で自己のために強制的手続により証人を求める権利を有する。

三　刑事被告人は、いかなる場合にも、資格を有する弁護人を依頼することができる。被告人が自らこれを依頼することができないときは、国でこれを附する。

第三十八条　何人も、自己に不利益な供述を強要されない。

二　強制、拷問若しくは脅迫による自白又は不当に長く抑留若しくは拘禁された後の自白は、これを証拠とすることができない。

三　何人も、自己に不利益な唯一の証拠が本人の自白である場合には、有罪とされ、又は刑罰を科せられない。

第三十九条　何人も、実行の時に適法であった行為又は既に無罪とされた行為については刑事上の責任を問われない。又、同一の犯罪について、重ねて刑事上の責任を問われない。

第四十条　何人も、抑留又は拘禁された後、無罪の裁判を受けたときは、法律の定めるところにより、国にその補償を求めることができる。

第四章　国会

第四十一条　国会は、国権の最高機関であって、国の唯一の立法機関である。

第四十二条　国会は、衆議院及び参議院の両議院でこれを構成する。

第四十三条　両議院は、全国民を代表する選挙された議員でこれを組織する。

二　両議院の議員の定数は、法律でこれを定める。

第四十四条　両議院の議員及びその選挙人の資格は、法律でこれを定める。但し、人種、信条、性別、社会的身分、門地、教育、財産又は収入によって差別してはならない。

第四十五条　衆議院議員の任期は、四年とする。但し、衆議院解散の場合には、その期間満了前に終了する。

第四十六条　参議院議員の任期は、六年とし、三年ごとに議員の半数を改選する。

第四十七条　選挙区、投票の方法その他両議院の議員の選挙に関する事項は、法律でこれを定める。

第四十八条　何人も、同時に両議院の議員たることはできない。

第四十九条　両議院の議員は、法律の定めるところにより、国庫から相当額の歳費を受ける。

第五十条　両議院の議員は、法律の定める場合を除いては、国会の会期中逮捕されず、会期前に逮捕された議員は、その議院の要求があれば会期中これを釈放しなければならない。

第五十一条　両議院の議員は、議院で行った演説、討論又は表決について、院外で責任を問われない。

第五十二条　国会の常会は、毎年一回これを召集する。

第五十三条　内閣は、国会の臨時会の召集を決定することができる。いづれかの議院の総議員の四分の一以上の要求があれば、内閣は、その召集を決定しなければならない。

第五十四条　衆議院が解散されたときは、解散の日から四十日以内に、衆議院議員の総選挙を行い、その選挙の日から三十日以内に、国会を召集しなければならない。

二　衆議院が解散されたときは、参議院は、同時に閉会となる。但し、内閣は、国に緊急の必要があるときは、参議院の緊急集会を求めることができる。

三　前項但書の緊急集会において採られた措置は、臨時のものであって、次の国会開会の後十日以内に、衆議院の同意がない場合には、その効力を失う。

第五十五条　両議院は、各々その議員の資格に関する争訟を裁判する。但し、議員の議席を失わせるには、出席議員の三分の二以上の多数による議決を必要とする。

第五十六条　両議院は、各々その総議員の三分の一以上の出席がなければ、議事を開き、議決することができない。

二　両議院の議事は、この憲法に特別の定のある場合を除いては、出席議員の過半数でこれを決し、可否同数のときは、議長の決するところによる。

第五十七条　両議院の会議は、公開とする。但し、出席議員の三分の二以上の多数で議決したときは、秘密会を開くことができる。

二　両議院は、各々その会議の記録を保存し、秘密会の記録の中で特に秘密を要すると認められるもの以外は、これを公表し、且つ一般に頒布しなければならない。

三　出席議員の五分の一以上の要求があれば、各議員の表決は、これを会議録に記載しなければならない。

第五十八条　両議院は、各々その議長その他の役員を選任する。

二　両議院は、各々その会議その他の手続及び内部の規律に関する規則を定め、又、院内の秩序をみだした議員を懲罰することができる。但し、議員を除名するには、出席議員の三分の二以上の多数による議決を必要とする。

第五十九条　法律案は、この憲法に特別の定のある場合を除いては、両議院で可決したとき法律となる。

二　衆議院で可決し、参議院でこれと異なった議決をした法律案は、衆議院で出席議員の三分の二以上の多数で再び可決したときは、法律となる。
三　前項の規定は、法律の定めるところにより、衆議院が、両議院の協議会を開くことを求めることを妨げない。
四　参議院が、衆議院の可決した法律案を受け取った後、国会休会中の期間を除いて六十日以内に議決しないときは、衆議院は、参議院がその法律案を否決したものとみなすことができる。
第六十条　予算は、さきに衆議院に提出しなければならない。
二　予算について、参議院で衆議院と異なった議決をした場合に、法律の定めるところにより、両議院の協議会を開いても意見が一致しないとき、又は参議院が、衆議院の可決した予算を受け取った後、国会休会中の期間を除いて三十日以内に、議決しないときは、衆議院の議決を国会の議決とする。
第六十一条　条約の締結に必要な国会の承認については、前条第二項の規定を準用する。
第六十二条　両議院は、各々国政に関する調査を行い、これに関して、証人の出頭及び証言並びに記録の提出を要求することができる。

第六十三条　内閣総理大臣その他の国務大臣は、両議院の一に議席を有すると有しないとにかかわらず、何時でも議案について発言するため議院に出席することができる。又、答弁又は説明のため出席を求められたときは、出席しなければならない。

第六十四条　国会は、罷免の訴追を受けた裁判官を裁判するため、両議院の議員で組織する弾劾裁判所を設ける。

二　弾劾に関する事項は、法律でこれを定める。

第五章　内閣

第六十五条　行政権は、内閣に属する。

第六十六条　内閣は、法律の定めるところにより、その首長たる内閣総理大臣及びその他の国務大臣でこれを組織する。

二　内閣総理大臣その他の国務大臣は、文民でなければならない。

三　内閣は、行政権の行使について、国会に対し連帯して責任を負う。

第六十七条　内閣総理大臣は、国会議員の中から国会の議決で、これを指名する。この指名は他のすべての案件に先立って、これを行う。

二　衆議院と参議院とが異なった指名の議決をした場合に、法律の定めるところにより、両議院の協議会を開いても意見が一致しないとき、又は衆議院が指名の議決をした後、国会休会中の期間を除いて十日以内に、参議院が、指名の議決をしないときは、衆議院の議決を国会の議決とする。

第六十八条　内閣総理大臣は、国務大臣を任命する。但し、その過半数は、国会議員の中から選ばなければならない。

二　内閣総理大臣は、任意に国務大臣を罷免することができる。

第六十九条　内閣は、衆議院で不信任の決議案を可決し、又は信任の決議案を否決したときは、十日以内に衆議院が解散されない限り、総辞職をしなければならない。

第七十条　内閣総理大臣が欠けたとき、又は衆議院議員総選挙の後に初めて国会の召集があったときは、内閣は、総辞職をしなければならない。

第七十一条　前二条の場合には、内閣は、あらたに内閣総理大臣が任命されるまで引き続きその職務を行う。

第七十二条　内閣総理大臣は、内閣を代表して議案を国会に提出し、一般国務及び外交関係について国会に報告し、並びに行政各部を指揮監督する。

第七十三条　内閣は、他の一般行政事務の外、左の事務を行う。

一　法律を誠実に執行し、国務を総理すること。

二　外交関係を処理すること。

三　条約を締結すること。但し、事前に、時宜によっては事後に、国会の承認を経ることを必要とする。

四　法律の定める基準に従い、官吏に関する事務を掌理すること。

五　予算を作成して国会に提出すること。

六　この憲法及び法律の規定を実施するために、政令を制定すること。但し、政令には特にその法律の委任がある場合を除いては、罰則を設けることができない。

七　大赦、特赦、減刑、刑の執行の免除及び復権を決定すること。

第七十四条　法律及び政令には、すべて主任の国務大臣が署名し、内閣総理大臣が連署することを必要とする。

第七十五条　国務大臣は、その在任中、内閣総理大臣の同意がなければ、訴追されない。但し、これがため、訴追の権利は、害されない。

第六章　司　法

第七十六条　すべて司法権は、最高裁判所及び法律の定めるところにより設置する下級裁判所に属する。

二　特別裁判所は、これを設置することができない。行政機関は、終審として裁判を行うことができない。

三　すべて裁判官は、その良心に従い独立してその職権を行い、この憲法及び法律にのみ拘束される。

第七十七条　最高裁判所は、訴訟に関する手続、弁護士、裁判所の内部規律及び司法事務処理に関する事項について、規則を定める権限を有する。

二　検察官は、最高裁判所の定める規則に従わなければならない。

三　最高裁判所は、下級裁判所に関する規則を定める権限を、下級裁判所に委任することができる。

第七十八条　裁判官は、裁判により、心身の故障のために職務を執ることができないと決定された場合を除いては、公の弾劾によらなければ罷免されない。裁判官の懲戒処分は、行政機関がこれを行うことはできない。

第七十九条　最高裁判所は、その長たる裁判官及び法律の定める員数のその他の裁判官でこれを構成し、その長たる裁判官以外の裁判官は、内閣でこれを任命する。

二　最高裁判所の裁判官の任命は、その任命後初めて行われる衆議院議員総選挙の際国民の審査に付し、その後十年を経過した後初めて行われる衆議院議員総選挙の際更に審査に付し、その後も同様とする。

三　前項の場合において、投票者の多数が裁判官の罷免を可とするときは、その裁判官は、罷免される。

四　審査に関する事項は、法律でこれを定める。

五　最高裁判所の裁判官は、法律の定める年齢に達した時に退官する。

六　最高裁判所の裁判官は、すべて定期に相当額の報酬を受ける。この報酬は、在任中、これを減額することができない。

第八十条　下級裁判所の裁判官は、最高裁判所の指名した者の名簿によって、内閣でこれを任命する。その裁判官は、任期を十年とし、再任されることができる。但し、法律の定める年齢に達した時には退官する。

二　下級裁判所の裁判官は、すべて定期に相当額の報酬を受ける。この報酬は、在任中、これを減額することができない。

第八十一条　最高裁判所は、一切の法律、命令、規則又は処分が憲法に適合するかしないかを決定する権限を有する終審裁判所である。

第八十二条　裁判の対審及び判決は、公開法廷でこれを行う。

二　裁判所が、裁判官の全員一致で、公の秩序又は善良の風俗を害する虞があると決した場合には、対審は、公開しないでこれを行うことができる。但し、政治犯罪、出版に関する犯罪又はこの憲法第三章で保障する国民の権利が問題となっている事件の対審は、常にこれを公開しなければならない。

第七章　財政

第八十三条　国の財政を処理する権限は、国会の議決に基いてこれを行使しなければならない。

第八十四条　あらたに租税を課し、又は現行の租税を変更するには、法律又は法律の定める条件によることを必要とする。

第八十五条　国費を支出し、又は国が債務を負担するには国会の議決に基くことを必要とする。

第八十六条　内閣は、毎会計年度の予算を作成し、国会に提出して、その審議を受け議決を経なければならない。

第八十七条　予見し難い予算の不足に充てるため、国会の議決に基いて予備費を設け、内閣の責任でこれを支出することができる。

二　すべて予備費の支出については、内閣は、事後に国会の承諾を得なければならない。

第八十八条　すべて皇室財産は、国に属する。すべて皇室の費用は、予算に計上して国会の議決を経なければならない。

第八十九条　公金その他の公の財産は、宗教上の組織若しくは団体の使用、便益若しくは維持のため、又は公の支配に属しない慈善、教育若しくは博愛の事業に対し、これを支出し、又はその利用に供してはならない。
第九十条　国の収入支出の決算は、すべて毎年会計検査院がこれを検査し、内閣は、次の年度に、その検査報告とともに、これを国会に提出しなければならない。
二　会計検査院の組織及び権限は、法律でこれを定める。
第九十一条　内閣は、国会及び国民に対し、定期に、少なくとも毎年一回、国の財政状況について報告しなければならない。

第八章　地方自治

第九十二条　地方公共団体の組織及び運営に関する事項は、地方自治の本旨に基いて、法律でこれを定める。
第九十三条　地方公共団体には、法律の定めるところにより、その議事機関として議会を設置する。
二　地方公共団体の長、その議会の議員及び法律の定めるその他の吏員は、その地方公共団体の住民が、直接これを選挙する。

第九十四条　地方公共団体は、その財産を管理し、事務を処理し、及び行政を執行する権能を有し、法律の範囲内で条例を制定することができる。

第九十五条　一の地方公共団体のみに適用される特別法は、法律の定めるところにより、その地方公共団体の住民の投票においてその過半数の同意を得なければ、国会は、これを制定することができない。

第九章　改正

第九十六条　この憲法の改正は、各議院の総議員の三分の二以上の賛成で、国会が、これを発議し、国民に提案してその承認を経なければならない。この承認には、特別の国民投票又は国会の定める選挙の際行われる投票において、その過半数の賛成を必要とする。

二　憲法改正について前項の承認を経たときは、天皇は、国民の名で、この憲法と一体を成すものとして、直ちにこれを公布する。

第十章　最高法規

第九十七条　この憲法が日本国民に保障する基本的人権は、人類の多年にわたる自由獲得の努力の成果であって、これらの権利は、過去幾多の試練に堪え、現在及び将来の国民に対し、侵すことのできない永久の権利として信託されたものである。

第九十八条　この憲法は、国の最高法規であって、その条規に反する法律、命令、詔勅及び国務に関するその他の行為の全部又は一部は、その効力を有しない。

二　日本国が締結した条約及び確立された国際法規は、これを誠実に遵守することを必要とする。

第九十九条　天皇又は摂政及び国務大臣、国会議員、裁判官その他の公務員は、この憲法を尊重し擁護する義務を負う。

第十一章　補則

第百条　この憲法は、公布の日から起算して六箇月を経過した日から、これを施行する。

二　この憲法を施行するために必要な法律の制定、参議院議員の選挙及び国会召集の手続並びにこの憲法を施行するために必要な準備手続は、前項の期日よりも前に、これを行うことができる。

第百一条　この憲法施行の際、参議院がまだ成立していないときは、その成立するまでの間、衆議院は、国会としての権限を行う。

第百二条　この憲法による第一期の参議院議員のうち、その半数の者の任期は、これを三年とする。その議員は、法律の定めるところにより、これを定める。

第百三条　この憲法施行の際現に在職する国務大臣、衆議院議員及び裁判官並びにその他の公務員で、その地位に相応する地位がこの憲法で認められている者は、法律で特別の定をした場合を除いては、この憲法施行のため、当然にはその地位を失うことはない。但し、この憲法によって、後任者が選挙又は任命されたときは、当然その地位を失う。

あとがき

一般庶民がお上を信じて疑わないという日本人の傾向は、事なかれ主義や寄らば大樹の陰の依存心からきていると思える節もあるが、それにしても結果は同じである。日本のこれまでの長い歴史上、大衆が決起して体制に立ち向かう、つまり民衆の革命による政権ができたことはない。ここで、その善し悪しを論じたいわけではなく、長い間、不思議なことの一つとして疑問を抱いてきたことだった。

そのきっかけは、ジャーナリストである知人が「日本人は電車を待つ時、整列している、世界じゅうでこんな民族は見たことがない。だから、この国では革命は起きないんだ」と言ったことだった。学生時代に六十年安保を体験し、社会人となってからベトナム戦争で従軍記者としてサイゴンに赴任したその人は、無知で若い私に向かって、机上の理屈や本から借りた知識を振り回すなと、実体験に基づく見識を語ってくれたのだったが、当時、そう理解したわけではなかった。数か国語を操るその人が日本人をバカにしているのか、残念がっているのか、意味を図りかねた。長い歳月が過ぎたが、その時聞いた日本人観は幾度となく脳裏をよぎり、日本人について考えさせるものであった。

そして、神道の根幹は「神の素直」と「人の素直」を結ぶことだと理解してからは、ホームで並んで待つ人から、どんなときもお上を信じる日本人へと対象は移り、そこに共通点があるように思えた。良かれ悪しかれ、すっかり形骸化してしまったものの、神道の本質は日本人の中にしっかりと影を落としている。そんな気がするのである。

この見方を何をのんきなことをと批判されるだろうと感じてもいる。この数年だけみても、世の中の変化のスピードが異常に早く、人は次々に過ぎたことを忘れていく。新しいものに飛びつき、古いモノは捨てる。捨てて身軽になることを賛美したりする。何が大事で、何を捨てていいのかを計る物指しそのものが、実は新しい。だからとにかく捨てる方へ偏っているが、当人は偏りだとは思うわけもない。そういうご時世になっている。やがてお上を疑わない素直さは無くなっていくのかもしれず、電車の前で争って人を押し倒す人が、珍しくなくなるのかもしれない。

人々が素直で良いのは天下を治める者に「私」が無いことが条件である。お天道さまが見ていることを、お上が恐れなくなり、絶対権力となったお上がその力を行使して暴政をするようになればどうだろうか。力無き庶民は、抵抗空しく泣き寝入りするのか。最初からあきらめ、自暴自棄になるか。

水の流れは上から下へ流れるのが理である。清き水の流れでなければ素直さはかえって雛となって顕れる。為政者が私無き政治を行えば、人々は素直に政治と法を尊重して暮らせるが、私欲を持ったもの同士が争い、権力の奪い合いをするようになっては世の中は不公平が蔓延し、人々の心は荒む。そして、素直に穏やかに生きることは難しくなる。

内戦も外国との大戦も経験し、世界で唯一の被爆国ともなり、苦しく困難な歴史を経てきたはずだが、それでも未だ民衆の蜂起は起きていない。選挙では与党が再選され続け、長期政権を支えたのは他の誰でもなく国民なのだ。これが不思議でなくて何だろうか。このことと神道による素直さの潜在意識化は、無縁ではないのではないかと思うのである。

また逆に、そのことを濫用し悪用する者が権力を握ってきたという側面もあることは否めない。その反動がいつ現れるのか、どういう形になるのか。古代神道を学んだ者としては、空を仰ぎみるばかりである。

潜在意識と書いたが、その素地が作られてきた歴史もある。奈良時代から江戸時代初期に至るまで、中央の公家や幕臣を除いては、武家の学問の拠点は寺院であったが、戦がなくなると武家も学識が重要になった。幕府が儒学者を重んじたこともあり、学問の中心は儒教へと移り、盛んに学んだ。その裾野はしだいに商家の子弟にまで及び、特に「徳道」の学びは全国に広がりをみせた。日本の儒は本家中国の儒と異なり、徳の本質は神道に由来する。それと知らずに人々は学びとってきたといえる。

しかし、わが国の根幹であるはずの神道は奈良時代以降、深く隠されたままとなり、古代政治、皇道の意味はいつしか忘れられていた。

それればかりか、神道の奥義が不明であったため、仏教の興隆は神仏習合思想を生み出して古神道を取り込んだ。そのため、ますます正統な古道は隠れてしまった。本居宣長など江戸末期の国学者が現れるまで、古道が顧みられることはほとんどなかったし、宣長の後は、その国学から神仏習合の影響をぬぐえないまま、その再興があらためて神道を歪めていくこととなる。これはさまざまな矛盾を生んだ。

人々が天皇を崇め信じる心を逆手にとり、富国強兵策をとり続けた明治時代に、日本人は先祖伝来の精神的、文化的遺産の多くを失ったといえる。

戦争に次ぐ戦争を経て、太平洋戦争の敗戦でようやく平和な時を得た日本人は、国を恨むよりも焼野原からの復活のために身を粉にして働いた。戦後復興を支えた日本人の民衆パワーは、今も外国が見習いたいことに挙げられている。しかし世代が変わった今、どこへ向かっているのか。

素直と勤勉は日本人の伝統であるが、それを資本主義の営利のために用いた歳月が長く続いた今、勤勉は報われず、さらなる労役を課されている。そのとき、人の心は果たして素直なままだろうか、それともどこへ向っていくのだろうか。

五憲法制定以前の、推古二年に摂政聖徳太子（二十三才当時）が著した「神教経」及び「宗徳経」にすでに、後に憲法に示された国家経営、まつりごとの指針、官職にある者の意識はどうあるべきかが説かれる。それから十年後の憲法制定はその思想を実践するべく書かれたものである。聖徳太子、御年三十二歳の時であった。

この憲法に接するとき、古代からの贈り物のようにも受け取れるのは、何のために誰のために憲法が作られたかによる。この五憲法は国家及び政治の中心に立つ為政者を厳しく戒め、庶民の暮らしを守らせ、平穏で豊かな国とするためのものである。そこに、絶対君主の存在は無い。

神道においては主権という考え方はないからである。人という存在そのものが、元々が主にはなりえず、人は天を戴き、地に伏して生きる存在である。大王、君主もまた天が下の、人の世に生きる者であって、神ではない。また、神そのものに私は無い。あるのは理のみである。神といえども理に沿ってはたらくのだ。天孫は神であり、神から生まれた天皇は神であるという旧来の解釈は、神道に晦い学者の誤りに過ぎない。

君は天に倣い私を無くし、代わりに理を体現する。そして、人の世で君の元に務める臣もまた、天照大神の手足となる天帝のはたらきに倣って君を援け、世の中の全ての人々のために尽くし、はたらく立場である。三法の指導者もそこに学ぶ者もまた世の中のために私を虚しくし、道から外れてはならないと厳しく戒められている。これらのことが説かれた憲法が守られれば、世の中はどれほど和み、幸福であろうか。素直さは喜びの元となるだろう。

現代の民主主義はともすれば人を尊大にしがちだが、人知を超えた領域への尊敬を大切にし、人を謙虚に導くこの古代憲法は、言葉に溺れ民主主義の陥穽に迷いがちな今、静かな希望を与え、正しい道へと戻る勇気を与えてくれる普遍の法だと思うのである。先聖の智恵に感謝し敬うばかりである。

付録として巻末に載せた日本国憲法とともに、広く愛読していただければ幸いである。平等と平和の憲法を、守り維持し、未来へとつなげられることを願っている。

末筆ながら、資料整理の労を執って下さった八島雅恵さんと、ＤＴＰ制作の七月堂内山昭一さんには前回に続き大変お世話になった。ここに記して感謝の意を表したい。

安齋玖仁

【参考図書　順不同】

先代旧事本紀大成経、七十二巻本及び鷦鷯伝（編纂釈義・宮東伯安齋）
先代旧事本紀大成経講義（安房宮源宗著）
金谷治中国思想論集（上・中・下）及び論語（金谷治訳）
黄檗僧と鍋島家の人々―小城の潮音・梅嶺の活躍
（佐賀大学地域学歴史文化研究センター発行）
禁書聖徳太子五憲法（野澤政直著）

【既刊本】

薫りたつ人　其の壱・其の弐・其の参

薫りたつ人　其の結　先代旧事本紀大成経伝（一）

info@edition-at.co.jp

古代憲法

先代旧事本紀大成経伝（二）

二〇一六年十二月七日　第一刷発行

著者　安齋玖仁（あんざい くに）

発行所　有限会社エー・ティー・オフィス
出版企画部　〇三（五四一一）四〇五四
〒一〇七－〇〇六二　東京都港区南青山四－八－一五－五〇一

編集　A・T・OFFICE／七月堂

印刷所　七月堂
〒一五六－〇〇四三　東京都世田谷区松原二－二六－六
〇三（三三二五）五七一七

ISBN 978-4-908665-01-1